大师细说博弈论

微观动机与宏观行为

MICROMOTIVES AND MACROBEHAVIOR

托马斯·C·谢林（Thomas C. Schelling）/著
谢静　邓子梁　李天有　/译　　李天有　/校

中国人民大学出版社
·北京·

作为魅力学问的博弈论

（总序）

有许多理由让我向读者们推荐博弈论，也顺便推荐本套丛书。说起博弈论，在过去的10多年里，人们对于它的感受是随着时间的推移而变化的。20世纪90年代初，我开始为研究生和博士生开设博弈论课程，一些同事用怀疑的眼光看着我。随后，在中国经济学界出现了博弈论热潮，而这种博弈论热潮是我在1996年发表在当时很有名的《经济学消息报》上面的文章所准确预言了的。[1] 随后，有一些反潮流的人撰

① 蒲勇健：《博弈论：中国经济学家亟须掌握的数学工具》，载《经济学消息报》，1996（31）。

文批评这样的博弈论热，但是，我们看到，即使包括一些经济学大家在内的批评者都没有成功地为博弈论热降温。在今天的经济学专业杂志上，包括国际上著名的经济学刊物，甚至在超出一般意义的经济学期刊，譬如管理、法律、政治学、生物学、心理学、军事科学等学术杂志上，运用博弈论方法构造数学模型的论文可以说是汗牛充栋、随处可见了。

与许多学问不同，博弈论不仅仅因为它开始成为包括经济学在内的社会科学的一般性研究框架而显得重要，犹如19世纪的牛顿力学在自然科学中的地位，而且，博弈论还是一门充满韵味且魅力十足的学问。正是由于博弈论那深刻的策略分析与对于大千世界中无所不在的复杂现象的巧妙解读，人们不仅满足了好奇心，而且还会感到茅塞顿开，豁然开朗，甚至在读了博弈论对于从经济管理到进化生物学一系列学术难题的精妙解读之后，禁不住会大呼过瘾，爽极！

对于许多人来说，科学的价值是能够帮助人们去认识世界、改造世界。其实，这是实用主义者的感受。对于科学家，特别是一些大科学家来说，他们认为科学理论的价值是它无比的美感，譬如爱因斯坦、薛定谔。对于既不同于普罗大众，也不是爱因斯坦那样的大科学家的大多数研究者来说，玩科学的感受其实就是有趣。趣味，是使得大多数科学家埋头于学问的主要推力。这种沉迷于学问里面的无穷趣味，是普通人难以想象甚至难以企及的境界，那可不是一般的趣味，那是“神趣”！——令人神魂颠倒、忘乎所以之意境！有如窥见上帝秘密之快感和人世间任何其他满足都难以比拟的快乐。当然，并不是所有的学问都能够如此这般地给人带来快乐，但是博弈论肯定是位列其中的。

作为研究策略性互动的学问，博弈论在解释经济行为的原因、政治制度的形成与演化、进化心理学假说的模型构建、进化生物学的数学化、市场设计与供求匹配等方面大获成功，已经成为生命体行为现象微观研究的重要方法——不仅仅是人类的经济行为。

美国第一位获得诺贝尔经济学奖的大师保罗·萨缪尔森说过：如果你想成为一个有见识的人，就一定要读读博弈论。其实，读读博弈论，还不仅是让人开眼界、长见识，喜欢深刻思考的人，会发现博弈论正是你爱不释手、丢弃不了的东西。

到底博弈论有什么迷人的地方呢？随便举个信手拈来的例子，就是跨地区移动通讯为什么要收取漫游费。在我曾经参加的听证会上，运营商说跨地区移动通讯会增加运营商的业务量，所以成本的增加使得它们通过收取漫游费来填补额外的成本。其实，收取的漫游费数量远远超出了它们购买设备处理业务的费用，这样的理由是不成立的。那么，是什么难言之隐让运营商要收取漫游费呢？博弈论让我们很容易推演出运营商难言的秘密：如果取消漫游费，那么运营商们就处于全国统一的竞争性市场中，它们之间就会打起价格战，导致大多数运营商退出，而留下极少数幸存者垄断市场。并不是所有的运营商都有这样的自信：我会是最后的幸存者。所以它们之间就达成这样的默契：通过漫游费将市场分割为各个区域性市场。漫游费是地区市场分割的壁垒，各个地区的运营商都在自己的地盘里过着垄断带来的好日子。比如，在漫游费的高墙下，你是A地的用户，想用B地的电话，因为B地的话费可能要便宜一些。但是，漫游费就让你用B地的电话比用A地的电话还要贵。这样，即使B地的电话费比A地的电话费便宜，漫游费也让你难以企及，因为加上漫游费，对你来说用B地的电话就要比用A地的电话贵了。同样，B地的用户也会只用B地的电话，各个地区的用户都只用本地区的电话，全国性的统一竞争性市场就被分割成各个地区的垄断市场，而用户们也不得不支付高额的话费。在这里，博弈论所起的作用是：它预言统一市场中会出现价格战。因为如果你知道一点博弈论，就一定知道"囚徒困境"这样简单的博弈论模型，也知道两个小偷在警察面前都会相互出卖同伙的结果。竞争性市场里的企业相互杀价，进行价格战就是"囚徒困境"，而相互出卖是它们的选择。

怎么样，博弈论让你大开眼界了吧。其实，在博弈论里，这样的妙招很多，它会教你怎样识破谎言。1996 年的诺贝尔经济学奖得主之一、博弈论专家维克里就教会招标人如何识破投标人的谎言，让投标人老老实实地把真实的底价告诉招标人。

举一反三，同样基于惧怕价格战的原因，沃尔玛与麦德龙连锁店在选址上就不会十分接近。读者也许会注意到，沃尔玛与麦德龙在全世界任何地方的分店，通常都有足够远的距离。这样，即使居住在沃尔玛附近的消费者知道麦德龙的商品可能较沃尔玛便宜，但是较远的空间距离也让他对于放弃沃尔玛而去麦德龙购物望而却步。同样，居住在麦德龙附近的消费者也会是麦德龙的客户。沃尔玛与麦德龙之间拉开空间距离，就能够相互维护二者之间的市场细分而避免价格战对于双方的伤害。这是一种默契，也是博弈的结果。

博弈论不仅仅是好玩，而且十分有用。我们来看看下面这个例子。20 世纪 80 年代，在美国有两家销售音响产品的商店——疯狂艾迪和纽马克 & 路易斯。疯狂艾迪为了阻止纽马克 & 路易斯私下进行降价竞争，陷入价格战导致双方同归于尽，便打出了这样一个广告：凡是在疯狂艾迪购买商品的顾客，如果发现在其他商店可以以更低的价格买到同样的商品，疯狂艾迪可以按照差价的双倍对顾客进行补偿。这样，如果纽马克 & 路易斯私下降价，任何人都不会去它那里买东西。因为所有人为了获得两倍差价的补偿都会去疯狂艾迪买商品。这意味着一旦纽马克 & 路易斯私下降价，则对方会自动降价更多，并且纽马克 & 路易斯的顾客还会流失。这种方式就迫使纽马克 & 路易斯不敢私下降价，价格战就这样避免了。

这个案例在全世界都被模仿。我在重庆的家乐福超市也看到过类似于疯狂艾迪那样的广告：谁要是在重庆主城区以比本店更加便宜的价格买到同样的商品，本店将按照差价的三倍补偿。

更加鲜活的例子是，在 2012 年，中国的电子商务平台 A 公司试图挑起的一场大家电价格战被 B 公司用与当年疯狂艾迪完全相同的博弈策略秒杀了！2012 年 8 月，A 公司的首席执行官在其实名认证的微博上面声明：A 公司的所有大型家电将在未来三年里保持零毛利，“保证比 B 公司、C 公司便宜至少 10%以上”。B 公司立即以微博接招，宣布所有产品价格必然低于 A 公司，否则将给予消费者两倍差价赔付。于是，硝烟还没有升起，A 公司便偃旗息鼓了。B 公司简单搬用疯狂艾迪的策略便一招致命，击退了 A 公司的挑战。

在政治领域，博弈论更是如鱼得水。现今的政治科学研究，大量采用博弈论的方法已经是世风。一些令人头疼的政治现象，用博弈论方法看就是直截了当的了。

混合策略博弈是指博弈的参与人通过模糊自己的策略动机迷惑对手的博弈。在人们的生活中，谈恋爱就是一种混合策略博弈。在谈恋爱的过程中，女孩子通常会对于男孩子的追求反应含糊。因为如果女孩子说她爱男孩子，男孩子就认为已经搞定，就不会继续狠追女孩子了，女孩子会因此失去被追的愉悦。如果女孩子说她不爱男孩子，男孩子就会放弃，女孩子就会失去继续考察男孩子的机会。所以，女孩子总是对于男孩子的追求若即若离，不轻易说她对他爱与不爱。这是混合策略的运用。

一旦引入信息不对称，博弈论就更加魅力十足了。许许多多曾经是扑朔迷离的社会现象、经济现象，甚至生命现象，在信息不对称假设下就会令人感到茅塞顿开。

在 2013 年初，包括韩国和日本在内的一些在华外资汽车公司，纷纷开始推出将新购汽车的保修期延长至 5 年的营销策略。外资企业采用这种策略的目标是试图将中国的国产汽车公司挤出市场。以往，中国的国产汽车与外资之间在华市场的竞争主要依靠价格优势。但是，由于劳动力成本的上升，价格优势不再，外资企业依靠的是质量优势，这是国产汽车公司难以模仿的，它们由此发出高质量的信号，从而形成不对称信息中的分离均衡。

也就是说，在过去中国还具有低劳动力成本的情况下，国产汽车公司与外资之间还存在竞争，这种竞争的均衡是外资的高质量与国产汽车公司的低价格之间的平衡。到了2013年，国产汽车的低价格优势由于原材料涨价和劳动力成本上升而逐渐式微，外资与国产汽车之间都在差不多的价格水平上进行竞争了。在这种情况下，在同样的价格水平上，消费者就更加偏好高质量的汽车。保修期越长，就可以被认为是质量越高的产品。因为只有生产高质量产品的公司，才不会因为较长的保修期而产生高昂的费用，这是由于高质量产品在即使是较长的时间里也较少出现质量问题。这样，通过较长的保修期，企业就把高质量的信号发送给了消费者，而消费者也就因此放弃购买没有发送高质量信号的企业产品，转而购买发送高质量信号的企业产品了。

生命现象是我们这个地球上最神奇、最神秘的现象。达尔文的进化论为我们说明了复杂的生命现象是如何进化而来的。正是博弈论为进化论建立起了数学模型。

生命的个体也许并不是对于许多不同的生存策略进行理性的选择，而是通过偶然的试错过程发现了最优的策略。当所有个体都完成了最优生存策略的“自然选择”之后，就达到了纳什均衡。个体因为发生突变而面对不同的生存策略，而不同的生存策略给个体带来了不同的生存适应度。只有那些带来最大适应度的策略才可以让个体生存下去，而通过遗传，那些成功地“自然”选择了最优策略的个体便把自己的基因遗传了下来，而其他物种个体便灭绝了。博弈论专家证明，这种自然选择出来的最优策略是纳什均衡策略，尽管并不假定生命个体一定是理性人——这避免了传统经济学理性人假设带来的尴尬，因为心理学家经常会批评这样的假定。

在人类出现的东非大峡谷，那些高个子的人类祖先，因为生存更加困难（高个子更容易被豺狼虎豹看见，在野兽追来时更难以躲避），心脏负荷大，需要更多的食物而处于生存劣势。因此，只有那些生存能力较强的高个子基因遗传下来了。这是一种不对称信息博弈中的信号博弈现象。高个子是发送优良基因的信号，所以人们在谈对象的时候，一般喜欢高个子，这是因为他们或许载有更加优良的基因，可以通过与他们结合把自己的基因遗传下去，因为既然高个子生存更加困难，但是当他们还生存着时，就意味着他们具有更加强大的生存基因。表面看起来，喜欢高个子是因为我们觉得高个子赏心悦目，是美的元素。其实，人类的美感是与生存能力联系起来的。这是所谓进化博弈论的发现。

博弈论中最具魅力的部分是信号博弈。在进化博弈论里，信号博弈把过去人们认为是纯粹主观性的审美解读成进化中的生存博弈形成的策略，当然是物种在进化过程中的纯粹是自然选择的策略。

好了，我们看到，潜藏在博弈论精深的数学模型背后的故事是多么地精彩！每一个博弈论模型都有着一个好听的故事。本套丛书就为大家提供了更多更加好听的故事，赶快去读读吧……

蒲勇健

2013年3月20日

重庆渝中区瑞天路雍江苑

译者序

作为译者和审校者，我有幸仔细阅读了托马斯·C·谢林教授的《微观动机与宏观行为》一书。书的主题是关于个体动机、行为（或微观动机）与所带来的总体结果（或宏观行为）之间的相互关系。作者在书中不仅探讨了个体行为所导致的令人惊奇的宏观结果，也讨论了宏观结果中所蕴涵的个体动机或行为，以及是否可以从所观察到的宏观行为中推导出微观动机。由于有在美国芝加哥大学经济系的经济学教育背景，以及在美国社会十几年的生活经历，再加上在美多年的工作经历，因此，我对美国人的行为和思想较为了解，对书中的内容深有体会。

在人类的行为中，我们常常观察到一些特异的集体性行为，如一个民族聚集为一个国家，或聚集在一个国家的局部地区，如世界各国的唐人街，德国人、意大利人、黑人或拉丁人邻里等的存在。更为常见的日常行为包括男生和男生习惯一起活动，女生和女生习惯一起活动，社会上关于吃、喝、穿、用等方面的规范，以及关于人们交往的各种风俗习惯、社会地位与等级的形成。

产生这些结果的原因并不相同，甚至是出于完全相反的原因。比如，流行趋势和游行示威或暴动的形成可能是出于从众心理，即为了不使自己看起来和其他人不同。有时是因为法不责众，比如大家都违规驾驶或停车时，自己也这样做；或者大家都贪污或考试作弊时，自己也贪污或作弊。

这类问题中的一个特殊例子被作者称为“抢凳子游戏”。如果一个房间中的凳子数少于要坐凳子的人，那么不管这些人如何行为，最后总有一些人没有凳子可坐。这种在物理学上一般被称为“宇宙守恒”现象的问题，有各种不同的表现形式，如扑克游戏、麻将游戏以及公地问题等。扑克游戏和麻将游戏都是零和游戏，赢家的数量和输家的数量总是相等。在经济学中著名的“公地悲剧”问题说明，一种不能排除其他人使用的公共资源，如公地、公共水源、海洋等，由于其资源总量是有限的，一部分人或全体人的滥用将会导致其他人或全体人的效用受到损失。

对这些问题的解释有多种不同的理论描述，除了上面提到的“抢凳子游戏”外，还包括“自我证实的均衡”、“临界质量”、“次品”、“加速原理”等。“自我证实的均衡”模型说明，只要人们能够预期到某种结果会实现，那么这种结果就会实现。就像原子的质量集聚到一定的质量（即临界质量）后，就会发生核子爆炸；雨水集聚到一定程度就会发生洪水；货币集聚到一定程度也可能会发生金融危机。经济学中著名的“次品”理论说明，如果一个集合中存在次品和非次品，那么这两类产品会自动形成各自分隔的市场，如旧车和新车市场的分隔。“加速原理”说明，在人们的分离和融合的过程中，一开始也许分离的速度较慢，但是这一过程会逐渐自我加快，以实现分离的结果。比如说，如果在一个混合居住的居民区中有白人开始搬离，一开始也许搬离的白人较少，甚至不足以引起人们的注意，但是随着白人在该居民区的减少，更多的白人也许会决定快速搬离，从而加速该社区的分离速度。

利用以上原理，谢林教授用几章的篇幅分析了各种类型的相关问题，包括人们在衣、食、住、行等行为活动中如何受离散变量如种族、肤色、性别或语言的影响，如何受连续变量如年龄、收入、技艺水平等的影响，以及如何受将来可能出现的变量如性别选择的影响。

为了解释这些普遍的现象，谢林教授对常见的“囚徒困境”模型进行了扩充，得到了一个“多人囚徒困境”模型（MPD）。在这个模型中，每个人都面临一个二元选择，而且选择的收益都一样；同时，不管其他人选择什么，每个人都有他自己偏好的选择；不管一个人选择什么，如果其他人中选择不受他偏好的选择的人越多，他的境况就会更好。最后，存在某种规模的联盟，从而使其中的成员通过选择不受偏好的选择来改善他们自己的境况。我们知道，“囚徒困境”的重要特征是，如果每个人都按照自己的最优策略选择，最后的结果将是非合作性的占劣均衡，即劣于每个人都选择非最优策略时的合作结果。但是后者并不是一个稳定均衡，而前者的占劣均衡却是一个稳定均衡。所以为了维持“囚徒困境”博弈中的非稳定均衡，常常需要一定的强制性协议或外部力量的存在。根据行为人选择不同策略时的收益函数与选择非偏好策略人数的关系，可以得到不同类型的均衡结果，甚至可以得到多个均衡，包括稳定和不稳定的均衡。

尽管书中讨论的各种问题很有趣，但是它仍然有一些明显的不足。第一，它不是像书名表示的那样是一本纯学术性的著作。书中不仅引文较少，而且论证和模型也多为叙述性的，很多推理过程和结论只是一概而论，未能详细说明。第二，它探讨的许多问题的实质是基本相同的，但是所举的实例并不很实际，如书中开头所说的关于就座的例子，其实具有很大的偶然性，并不能作为一个具有一般意义和代表性的事件来对待。第三，有些假设虽然符合逻辑的一致性，但是并不能说明由该假设得出的结论就是合理的。举例来说，书中一个有趣的例子是关于社区分离的游戏（第 4 章），其中一个至关重要的假设是每个格子中的硬币要求相邻格子中的白色和黑色的硬币必须是某种比例。如果使这一假设贯彻始终就会得到书中所说的结果，但是一般情况是，只有在很少的情况下，这种对邻居的比例要求才会贯彻始终。当社区颜色的硬币比例达到某种水平后，或者某种颜色的硬币数量达到一定数量后，这种对严格比例的要求可能不再重要，从而不会导致书中所说的结果。同样的情况也出现在其他的例子中，如学生在不同餐厅的就餐模式等。

尽管如此，但总的来看，它不失为一本佳著，它能够启发我们对很多社会问题的广泛思考，特别是当每个个人将自己放在集体或社会环境下来考虑的时候，这种考虑对于邻里社区的形成、社会风气的产生和维护，以及众多人与人之间关系的促进具有重要作用。

李天有

芝加哥大学经济学博士

中国人民大学经济学院副教授

致　谢

大师 细说博弈论

当我回过头来看这本书时，我惊讶于自己居然写了如此之多，包括那些令我欢欣鼓舞的事情。我是应别人之邀而写这本书的。朱利叶斯·马格力斯（Julius Margolis）恳求我利用费厄斯讲座来整理我对他所知道的我在研究的课题的一些思想；尽管我多少已经开始在整理这些思想，但是无论如何肯定没有这么快完成。伊曼纽尔·麦斯森（Emmanuel Mesthene）早些时候曾敦促我将这些思想写下来，因为他知道我在研究这个课题。本书中的一些章节，比如第 2 章和第 7 章，都经过了多年 7

雕琢，年限之长你可能无法置信；如果你喜欢本书，你应该感谢许多人的共同努力，他们在私下里和以公开的方式积极热心、慷慨无私地给予了我很多帮助，如果没有他们，我的工作将会更加艰难。他们是格莱汉姆·T·阿里森（Graham T. Allison），菲利普·B·海曼（Philip B. Heymann），曼科·奥尔森（Mancur Olson），霍华德·瑞法（Howard Raiffa），查尔斯·L·舒尔茨（Charles L. Schultze），伊迪斯·M·斯托基（Edith M. Stokey），A·迈克尔·斯宾斯（A. Michael Spence），理查德·J·泽克豪斯（Richard J. Zeckhauser）。

如果说本书文字清晰易读，那很大程度上应归功于乔伊斯·H·奎奇（Joyce H. Quelch）女士，她除了完成一位秘书的所有工作之外，还以飞快的速度和善意的幽默打出了一份份精美的稿子，这使我享受到无限次改动的快乐。

第 3 章和第 4 章中的某些部分原出自于罗宾·马利斯（Robin Marris）编写的《公司社会》（*The Corporate Society*，Macmillan，1974），在征得哈佛大学校委会的同意后，我加以引用。第 5 章早期的版本原出自于贝拉·巴拉萨（Bela Balassa）和理查德·尼尔森（Richard Nelson）编写的《经济发展、私人价值和公共政策》（*Economic Progress*，*Private Values*，*and Public Policy*，North-Holland Publishing Company，1977），另外，第 7 章还有一个较长的版本，见《曲棍球头盔、隐藏的武器和夏令时——具有外部性的二元选择研究》（Hockey Helmets，Concealed Weapons，and Daylight Saving：A study of Binary Choices with Externalities），载《冲突解决杂志》（*Journal of Conflict Resolution*），第 17 卷，No. 3（1973 年 9 月），381～428 页，本书得到了塞格出版有限公司的许可引用。

目　录

大师细说博弈论

第 1 章

微观动机和宏观行为

我曾一度受邀在晚上八点开始给很多听众做报告。当我在陪同人员的陪伴下从讲台侧门进入报告厅，站在讲台侧面，并将麦克风挂在脖子上时，我看见前 12 排一个听众都没有。我猜想报告并不是八点开始，而是八点半才开始，因为学术会议可能都会这样，但是接下来我惊奇地发现主持人走上了讲台，冲着几排空椅子点了点头，并且开始介绍我。尽管有一点抵触情绪，我还是从侧厅走上了讲台。 11

大厅里有 800 人，他们拥挤地集中在从第 13 排到接近后墙的座位上。当我做报告时，感觉似乎在对一群位于河对岸的人演讲。之后，我问了主办方他们为什么会这样安排观众就座。

主办方根本就没做安排。

自始至终根本就没有安排任何座位，大厅里也没有引座员。这种座位安排完全是自愿的，仅仅反映听众的偏好。我们要推想的是，观众的这种偏好到底是什么呢？

有可能每个人都偏好于挤进最靠后的 20 多排里，而把前 12 排座位空出来。但是，除了树立一个榜样外，对其他人坐在哪里，任何人都无法控制。人们也没有在自己能接受的范围内对一个就座计划进行投票。他们所做的只不过是当他们走在过道上扫视整个大厅时，从他们所能看到的可供选择的座位中选择座位就座而已。

我们能不能猜测一下，人们在选择他们的座位时所遵循的是什么法则？我必须在这里补充一点，就我所知，在不同排就座的人之间没有任何差别。坐在前面或后面的人并没有看起来老一些，或者穿得更
12 好一些，或者主要是男性或女性。坐在前面的——我指第 13 排——可能看上去比其他的听众更专注，或许他们知道，即使是那个距离，我也能够清楚地看得到他们昏昏欲睡或打着盹儿，从而更能使他们打起精神来听讲。

然而，尽管我如此好奇，我也忘了问主办方，人们在不同排就座时是什么顺序。观众是以从后往前的顺序就座的吗？人们在最后 20 多排选择座位时是随机的吗？或者是最先到的人坐在了第 13 排，后来者就顺次在后面就座？最后这种情况是不可能的，因为如果最早来的人选择的座位形成了一个就座区的前部界限，后来的人都挤在这个界限后面的座位上，那么就要求最初选择的这个界限所容纳的人数应该正好是当时到场的人数，而这只能是一种巧合。这一动态过程必须与下列事实相一致，即在一个紧凑区域里就座的人们并不知道后面到底要来多少人。

我们之所以关注人们在选择时的所作、所为、所想等问题，原因

有多种。一个原因是我们对这个结果不满意；我们希望他们都坐在前 24 排，而不是最后 24 排，或者是分散坐在整个听众席中。如果我们想改变听众的就座模式，但是以尽可能不进行组织或干预他们的偏好为前提，那么我们需要知道我们是否能够含蓄地改变他们的行为动机或者他们对于观众席的认识，以使他们“自觉”地选择一个更好的就座模式。

在这样做之前，我们必须知道观众自己是否喜欢他们选择的就座安排，以及他们按照他们的选择方式选择座位这一事实是否证明了他们一定对最后的结果满意。

另一个引起我们兴趣的原因可能在于，这个过程中的某些因素提醒我们去注意这些有关人们以某种模式自觉定位的其他情况。这种模式虽然是人们自己选择的，但未见得它具有明显的优势。选择住址就是一个这样的例子。这种观众席里的就座过程给我们提供了观察其他 13
情况的线索。

我请读者们推测这种就座模式的目的并不是想写一本关于听众席管理的小册子，也不是要由此来推断人们的住址选择行为、群体行为或者停车行为，等等。这里只不过是要就本书的内容给出一个生动的例子。本书所要阐述的是一种分析模式，分析是绝大部分社会科学研究的特征，尤其是偏向理论性的研究部分的特征。这种分析探讨构成某些社会群的个人的行为特征与群体特征之间的关系。

这一分析有时使用所谓的个体倾向（intention）作为对群体的预测。如果我们知道每位听众作为有社会性的人，都想和别人坐在一起，但又总想与其他人之间空出一个座位，我们就可以预测当全体听众都到场时将出现怎样的就座模式。换句话说，这种分析就是我请读者做的工作——尝试推导出什么样的个人行为倾向或行为方式将会导致我们所观察到的这种模式。如果其他一些可能行为最终也可能带来这种模式，我们就可以从中找到一些选择这些行为的依据。

当然，也有一些简单的情况，其中集体仅仅是个人的外延（extrapolation）。如果我们知道每个司机都在天黑的时候打开车灯，那么我们可以依此推测出从直升机上能够看到一个区域内的车灯同时亮起来。如果黄昏时在马萨诸塞高速公路上使用光流感应的罗盘，我们甚至可以看到罗盘指针向西移动。但是如果多数人只是看到部分迎面而来的汽车已经开灯了才打开自己的车灯，那么从空中观察到的景象就会不一样。在第二种情况下，司机根据他人的行为做出反应，并同
14 时影响着他人的行为。人们对周围的环境做出反应，而在这个环境中的其他人，则对他们周围的环境做出反应，而他们的环境又是由人们的反应组成的。有时候这种动态过程是序贯的：如果你的车灯促使我打开车灯，那我的车灯又会促使除你之外的其他人打开车灯。有时候这种动力也会相互影响：听到你在按喇叭，于是我也按喇叭，从而促使你一直按下去。

在人们的行为或选择依赖于其他人的行为或选择的情况下，通常不能通过简单加总或者外推得到群体行为。为了找到它们之间的关系，我们通常需要考虑个人和他们所处的环境之间的互动体系，也就是个人和其他个人或个人和集体之间的互动体系。有时候结果是出乎意料的，不容易猜测得到。有时分析起来很困难，无法确定。但是即使是这些不确定性的分析也能够提醒我们，不能仅仅从所观察到的群体行为就做出有关个体倾向的结论，也不能仅仅从我们所了解或猜测的个体倾向就做出有关群体行为的结论。

回到我的听众这里，让我们来简单猜测一下他们就座的动机所在。（不需要假设他们都有同样的动机。）用什么可能的猜测——即可以选择的假设——来说明是什么导致了那些人做出我所描述的那种结果呢？怎么通过假设来评判这一结果？怎么根据不同的假设来影响结果呢？每个假设中能允许多大的偶然性和人为设计所带来的偏差？我们是否能对每个假设一一考察，并能从中选择到合适的假设，或拒绝所有假设并继续探求呢？

一种显而易见的可能性是每个人都喜欢尽可能地靠后就座。最早到达的人坐在最后面，后来者虽然希望能来得更早一些，但是对于全体听众来说，这种改进是不可能的，因为无论将哪个听众换到后面都 15
会有另一个听众必须要换到前面来。如果我们确实想让他们都往前坐，那么把最后 12 排座位封锁起来，这样所有人都能往前移 12 排。

第二种可能性与刚才不同，就是每个人都喜欢坐在其他人后面——不是大厅的后面，而仅仅是别人后面。（可能他们想在会议结束之后尽快退场。）他们可能希望别人坐得尽量靠前，这样他们也能尽量靠前，但是仍然保持在别人后面。如果是这样，最早到场的人就要坐得距最后一排足够的远，从而给后来者留下就座的余地，因为他们要坐在先来者的后面而非前面；或者，如果先来者认为后来者将采取这样的行为，先来者就会选择最远离后排的座位，否则后来的人将会拥挤在他们后面。同样，如果我们想让他们往前坐，可以将最后 12 排封锁起来，这样他们整体都会前移，而且他们自己可能也愿意这样。只是他们没能实现这个结果。

第三种可能性是每人都想与其他人坐在一起，或者是因为人的社会性，或者是因为不想显得特别孤立。如果最先到达的少数人恰好坐在比较靠后的位子上，后来的人将聚集在他们周围，直到人群挤到后墙。这时除了往前之外已经没有空位子了，为了与别人靠近，后来的人就会紧挨着人群坐在靠前的位子上。如果我们能够使最先来的少数人坐在前面，这个过程的结果将完全不同：后来者看到前面已经坐满了，于是就会紧挨着人群坐在靠后的位子上。任何一种方式都会使人们紧凑地聚集在先来者周围。但是，一种情况是人们坐在前面，另一种情况是人们坐在后面。我们可能更喜欢前一种结果，或者是后一种结果。

第四种可能性是每个人都喜欢看到别的听众走进来，就好像人们 16
参加婚礼时那样。为了不至于拧着脖子或者防止被别人看见自己，他们选择尽量靠后的地方就座，看着人们在走道里来来往往。但是一旦听众们都坐下来了，坐在后面就没有任何优势可言了——无论是坐在其他人的后面，还是坐在听众席的后面。如果我们能够大致估计一下听众的规模，并将后排座位封锁起来，那么每个人都可以任意观察四周，并且更靠近演讲台，同时演讲者和听众之间也不会出现这样尴尬的距离。或者如果我们可以使人们从前门而不是后门进来，先来者就会选择靠近前面的好位子，以便于观察后来者。

还有另外一种假设是，听众中的多数人在其他场合已经养成了他们的就座习惯，即他们发现坐在前面没有好处。于是，和平时一样，他们不假思索地坐在了后面；尽管他们也许会发现老师并没有要点前排的同学起来回答问题，因此他们完全可以稍微往前坐一些，以便听得更清楚。我们甚至可以假设人们仅仅是因为比较疲惫，所以当他们进入大厅时会选择最近的空座。但是这种行为涉及礼貌原则——第一个人无论在哪一排，必然坐在两走道的中间，以使后来的人走的路程最少——这种“最少费劲”的假设就产生了我们现在观察到的结果。

我还发现了一种有趣的假设，尽管非常有限，但是足够充分。这就是每个人其实并不在意他到底坐在哪里，只要不是太靠前就行——比如，不在第一排。在可能被部分坐满的 24 排座位中，人们并不关心坐在后 23 排中的哪一排，只不过是不想坐在第一排而已。

实际上，每个人可能都想坐得尽量靠前，但是他们都受到一种“不应该坐在第一排”的固定思维的限制。在不知道听众到底有多少
17 人的情况下，为了安全起见，人们会选择坐在后面；当看起来似乎大多数人已经到场之后，后来的人就会穿过已经就座的人群，坐在人群中间的空位子上，而不是去坐前面的空位子。

当然，有些人最终还是坐在了所有人的前面。但是如果全部听众都往前移 12 排，他们可能会一样高兴，或更高兴一些。坐在另外 23 排的人当然也愿意整个人群都往前移。

甚至还可以使假设条件更弱，只要紧挨在后面的座位都坐满了，人们并不介意坐在第一排，这样他们自己也不会显得特别突出。这种

假设可以导致同样的结果。

目的性行为

需要注意的是，在所有这些假设中，都有一个这样的概念，即人们都拥有偏好、追求目标、尽可能少费力或减少尴尬、使视野或舒适程度最大化、寻找或避免伙伴，或以我们称之为“目的性”行为的其他方式行动。并且，这些目的要么与其他人及其行为直接相关，要么受到由同时也在追求自身目的的其他人构成的环境的限制。这种偶然性行为——即依赖于其他人行为的模型就是我们常常拥有的行为模型。

在其他学科中，比如有时在社会科学中，我们形象地把行为归于动机，因为有些行为看起来就是要达到一种目的的。水寻求其自身平面，大自然厌恶真空，肥皂泡使表面张力达到最小，光在不同的媒介中行进速度不一样，不过，都会沿着行进时间最短的路径行进。但是，如果我们将水注入一个 J 形的试管中，并且封住较低一端，试管中两端的水则无法达到自然水平，这时，没人会意识到此时水处于不 18
自然的状态。如果打开试管的较低一端，水就会洒到地上，这时，没人会认为这是因为水要实现自身水平而洒到地上。我们多数人都不认为光的速度快是因为它很忙碌。近来有些人认为向日葵如果不是朝着阳光就会枯萎，我们也知道，树叶寻求在树上的位置，以在它们之间分配光源来使光合效应最大化。如果我们从事木材生意，我们会自然而然地希望树叶能够这样生长，但不是为了树叶本身；我们甚至不能确认树叶的这种行为到底是主动的，还是仅仅在酶的驱使下才产生的，抑或是一个我们完全无法用“目的”和“寻求”这样的词来归类和评价的化学系统的一部分。

但是对于人类来说就不一样了。当我们分析人们逃离火灾现场的行为时，我们的意思就是人们确实会试图逃脱，而不仅仅是表现得“好像”不喜欢被烧伤。人不同于光束或者水，我们通常会认为我们的行为是在追求或近或远的目标时有意识的行动或适应性行动，是在所获知的信息范围内和在对如何克服所处环境的限制以达到自己目标的理解下所进行的行为。实际上，我们常常可以将此归结为人类解决问题的某种能力——即对如何从一点到达另一点进行估算和直觉观察的能力。如果我们知道一个人正在试图解决问题，并且我们认为他确实能解决这个问题，而且我们也能解决，那我们就会设身处地地去思考如何解决这个问题，并按照我们认为他能理解的方式来解决这一问题。这种方法叫做“代理问题解决法”，是微观经济学中大多数理论的基础所在。

在研究“寻求目标”的无意识的物质时，比如寻求自身水平的水，或者生物学中进行自我保护和扩散的基因时，有一个优点是，我们时刻记得我们所谓给予的动机不过是为了表达的方便，是一种具有启发意义的类比物，或者是一个有用的定式。而对人类来说，我们却
19 会陶醉于自己对寻求目标或解决问题的想象中。我们可能会忽视人们会追求错误的目标，或者根本不知道他们的目标是什么，他们有时会沉浸在或经历一些与他们的目标背道而驰的潜意识过程。我们还常常会在人们实现了（我们所认为的）他们追求的目标时夸大他们的成就。

尽管如此，无可否认这种分析模式有待评价。如果人们在采取有目的性的行为时，不对结果的有效性格外挑剔和在意的话，我们很难得知他们是如何选择行为的。社会科学家更像是森林里的护林员而不是自然主义者。自然主义者关心导致物种灭绝的原因是什么，而不关心这种物种是否灭绝。（如果一种物种已经灭绝了上百万年，他自然不会去考虑。）而护林员关心的是美洲野牛是否会消失，以及如何使它们与周围的环境保持一种平衡状态。

这种评价的有趣之处也是困难之处在于需要对群体行为的总体后果进行评价，而不仅仅是单个人在限制性环境下的行为问题。在一栋

着火的大楼里，跑是比走能更快到达最近出口的方式，尤其是当别人都在跑的时候；然而，需要引起注意的是，如果每个人都采取这种对自己最安全的行动，也就是每个人都跑的时候，到底有多少人能够安全离开大楼。来听我演讲的每个人在进入大厅时，选择的可能都是在他们进来时看来是最好的座位。（在所有 800 人都就座后，当看到别人所坐的位置以及知道有多少人到达时，有些人可能会希望他们能坐在更靠前的位子上。）然而，最有意思的问题并不是有多少人在看到其他人的就座位置后想和别人换座位，而是是否存在其他不同的座位安排能够更好地满足多数人，或者绝大多数人，甚至所有人的需要。

个人如何使自己适应周围的社会环境，与他们从他们集体营造的社会环境中所得到的满意程度，并不是一回事。

市场行为

在社会科学中，与我刚才所描述的分析最一致的是经济学。经济 20
学中的“个体”指的是个人、家庭、农场主或公司的所有者、计程车司机、银行和保险公司经理、医生、学校教师、士兵以及银行或矿产公司的工作人员，等等。无论他们是否驾驶自己的计程车，或是否管理着洲际航线，多数人都对整个经济及其运作方式知之甚少。他们知道自己买卖东西的价格，在银行存贷的利息，以及他们有关当前生活、经营和消费方式的各种不同选择。牛奶场场主无需知道有多少人吃黄油，以及他们住多远；也无需知道有多少人养母牛，多少婴儿喝牛奶，或者啤酒和牛奶的消费哪个更高。他需要知道的只是不同饲料的价格，不同奶牛的习性特点，根据黄油脂肪的含量所确定的牛奶销售价格，雇员和电力设备的相关成本，以及如果将养奶牛换成养猪，或者干脆卖了农场去他愿意去的城市找一份合适的工作，他能得到的净收入可能是多少。

然而，不知为何，所有这些行为看上去都像是经过协调安排过似的。计程车能载你去机场，飞机上的午餐有黄油和奶酪，炼油厂为飞机提供燃料，卡车为飞机运输燃料，水泥浇铸机场跑道，电力保证电梯运行，而最重要的是，有旅客想乘飞机去飞机要去的地方。

事实上，在雨天里，你从来都找不到你需要的计程车；在 3 000 英尺的高空飞翔比在 300 英尺的高空飞翔更舒适，而且航班有时还会被超额预订。这些事实告诉我们，我们有多么的娇气。有时，我们希
21 望这个精妙复杂的系统可以协调得更好一些。上百万的人每周都在做出上千万的决策：要购买什么，要卖出什么，在哪儿工作，储蓄多少，借贷多少，完成哪些订单，保留哪些股票，移居到哪里，选择什么样的学校，选择什么样的工作，在什么地方建造超市、电影院、发电站，何时投资于地面上的建筑，何时投资于地下的矿产开采，何时投资于货物运输，何时投资于轮船和飞机的制造——如果这些问题让你感到吃惊，那么当你看到这个系统确实工作时会更加惊讶。其实惊讶是不必要的：一旦你理解了这个系统，你或许认为还有更好的系统，或者这个系统还有更好的运行方式。我仅仅是请你考虑一下，这个系统运行得到底如何。在多数国家，尤其是那些经济系统受到相对较少干预的国家，系统的运行方式与蚁群一样。

蚁群中的任何一只蚂蚁都知道蚁群是如何工作的，这一点使人们通常感到难以置信。每一只蚂蚁都有自己特定的工作，并且与其他蚂蚁协调合作，但是没有任何一只蚂蚁来关注整个蚁群。这个系统不是哪个蚂蚁设计的。社会生物学的一个重要特征就是将单个蚂蚁的世界与蚁群的世界整体联系起来。蚁群中有各种各样的模式、规则以及不同行动之间的平衡比例，同时还有对群体的维护、修整、探险，甚至紧急情况时的动员。但是没有任何一只蚂蚁清楚地知道当前有多少蚂蚁在寻找食物，有多少蚂蚁在暴风雨之后重建洞穴，以及有多少蚂蚁在协助运送甲壳虫的尸体。每一只蚂蚁都生活在它自己的小小世界里，它对当前环境下的其他蚂蚁做出反应，以及对那些不知来源的信

号做出反应。为什么这个系统如此运行，为什么这个系统有这样的效率，是社会学和生物进化论的一个动态问题。它到底是如何运行的——每一只蚂蚁在自己有限的小世界中所做出的有限决策组合，最后如何形成了我们所描述的蚂蚁社会和蚂蚁经济中丰富而有意义的集体行为模式——这与我们所谈到的牛奶问题比较类似，即人们 22
是如何知道应该养多少奶牛来生产所需要的牛奶，以形成人们购买牛奶制造出来的黄油、奶酪和冰淇淋的价格，来弥补养奶牛和挤奶，以及将每一小块黄油用铝箔包装并印上航空公司自己的标志等成本。

让你感到惊讶但不一定要赞美的只是整个集体行为的巨大的复杂系统，一个使身在其中的个体无需了解也毫无察觉的系统。这是不是一个丛林生态系统、一个奴隶系统或者一个寄生性疾病蔓延的社会？假如我们看到了模式、秩序和规则性，那么我们不应该急于判断，而应该首先弄清楚，构成这个系统的个人的行为到底是什么，以及他们的行为如何从整体上形成了我们观察到的模式。这样，我们至少可以根据个体的行为动机来评价最终所形成的模式是否在一定程度上反映了他们的愿望。

在经济学中，通常的情况好像是大量自由的、未经控制的个人行为带来了并不太差的整体效应。确实，如果有人在那里发号施令，并且知道应该做什么，同时让每个人都按照他所安排的去做，也未必有更好的结果。200 年前，亚当 · 斯密（Adam Smith）将这类系统的特征描述为就好像有一只看不见的手在起着协调作用一样。

实际上，经济学家通常并没有进行仔细的观察，也没有将他们观察到的现象与他们所能设想到的其他选择进行比较，就去判断说结果是好的。他们所做的事情只不过是，从他们所认为的人们的行为特征出发推断出一些系统的整体特征，并推导出一些评价性的结论。如果加拿大的农场主运送了过多的圣诞树到奥尔巴尼（Albany），而送到布法罗（Buffalo）的圣诞树数量不够，那么布法罗的销售商就能以 23

比奥尔巴尼更高的价格卖掉这些圣诞树。而有些在奥尔巴尼的人就会买下一些圣诞树，连夜用卡车送到布法罗，第二天这两个城市中的圣诞树分配将会更加“平衡”一些，这一平衡反映了与其他商品相比这两个城市的人们对圣诞树需求的迫切程度。其他商品也是这样。

这一过程常常被描述为“市场运行”。“市场”意味着一整套复杂的制度，在这套制度下，人们可以做出买卖行为、雇佣和被雇佣、借贷行为、相互贸易、订立合约，甚至逛街淘便宜货的行为等。经济学家的推理过程可能漏洞百出，但是他们在谨慎地给出结论时却不无道理。自由市场可能并没有或者根本没有按照你我喜欢的方式在人们之间分配资源和机会，也没有引导人们按照我们喜欢的方式行动，更没有引导人们按照我们喜欢的方式去消费。市场可能更多地鼓励了个人主义而并非集体价值，而且市场可能无法阻止人们的短视行为和自我放任。市场还可能会造成雇员与雇主之间、借方和贷方之间不对称的人际关系，赋予物质成就以过高的评价。考虑到经济的高涨和萧条，市场运行有时甚至可以说是很糟糕的。然而，即使市场有这些严重的缺陷，无可否认的是，它确实对于协调、调节以及整合众多自行其是的个人和组织的行为起到了相当好的作用。

我的目的并不是想要得出有关“自由市场”特性的优点的判断，也不是要讨论自由市场的价值与其价格是否相符。我所感兴趣的是经济学家的结论在经济学之外有多大应用空间。如果说经济学家研究这个问题已经有 200 年了，并且他们中的许多人已经得出了结论，即一个不受约束的自由市场通常是个体之间相互作用的一种有效方式，那么我们是否能够假设，在这些社会活动的所有其他方面，即不像经济
24 学所研究的人们追求私利时相互碰撞的活动方面的那些方面，是否也能够得到这个结论？在此我必须列举一些这样的行为以供讨论（除了在观众席中选座位这样的行为）。为了举例说明，让我们回忆一下我们所说的语言，以及我们如何说这些语言，我们和谁结婚，是否有孩子，我们给孩子起什么名字，我们和谁做邻居，选择与谁交朋友，玩什么

游戏，形成了什么习俗，追求何种时尚，我们是出去散步还是待在家里，我们如何驾驶汽车，在公共场合是否制造噪音或者抽烟，我们怎么管理自己养的宠物，等等。此外，还有饮食习惯，吃午餐的时间，乱扔垃圾或经常打扫卫生的习惯，对小笑话或者流言、新闻以及有用信息的传播，集团及其运动的形成，甚至等待时是否排队，等等。

所有这些都是人类的行为活动，它们受到他人行为的影响，也关心其他人的行为，抑或他们相互关心并相互影响。在许多社会中，包括我们自己的社会在内，这样的行为多数都有不受中央管制下的自由，或者只受到法令条规的间接限制。（字典可能会告诉我对于一个 7 岁的小孩来说“炸药”意味着什么，但是一个 7 岁的小孩并不是从那里学会这一词语的。）尽管人们可能比较在意集体结果，但是他们自己的决策和行为通常都是从他们自身的利益出发的，并且只受到整体模式中一个有限范围的影响。几乎任何一个与高个子或者矮个子结婚的人，都很难说仅仅是出于对下一代身高的考虑。但是上一代人相互结合的模式，比如高个子是否与高个子结婚，矮个子是否与矮个子结婚，还是高个子与矮个子结婚，或者根本就是随意结合的，会影响下一代人关于高矮的看法。

均衡分析

现在我将要说明的是，个体自行其是的行为不一定会带来集体的 25
满意后果。经济学研究的是一种特殊的情况——一种重要的特殊情况——我下面将会说明为什么经济学研究的是一种特殊的情况。

但是，在此之前，我需要首先给出一个人们给予了过多关注的错误观点。经济学、生物学以及许多非生命科学中都普遍应用的一种分析方法是对于“均衡”的研究。均衡指的是一种已经没有某些行动、活动、调整或反应的状态，使事物处于静止、不动、“平衡”的状态，或者在几种事物相互作用和相互调整的情况下得以调整，并最终达到了一个相对平衡和静止的状态。如果将奶油倒入咖啡里，当咖啡表面不再泛起涟漪，这就是一种“均衡”；如果奶油在咖啡表面均匀扩散或在咖啡表面形成了一层薄膜，那又是另外一种“均衡”。在经济学中，针对圣诞树的需求，就有圣诞树分配上的“均衡”，如果圣诞树的价格在城市与城市之间、城市与郊区之间都非常接近，那么没人能够通过将圣诞树从城市运到郊区，或者从奥尔巴尼运到布法罗挣钱。同样，如果汽油的价格在不同地区差别不大，不超过地区之间的运输成本，并且人们愿意支付的汽油的平均价格与生产者能够以合理利润投放市场的价格是平衡的，那么我们就称汽油市场处于均衡状态。这样的例子还有很多。

一种均衡状态可以是精确的均衡，也可以是近似的均衡。均衡可能是一种能够无限接近却无法达到的状态，潜在均衡本身就是在不断变化的。同时，均衡可以分为部分均衡或完全均衡，短期均衡或长期
26 均衡。圣诞树可以在城市之间达到平衡，但是如果出现了整个市场上的超额供给，那么圣诞树的供应者今年就会赔钱了，明年他们就会减少圣诞树的供给，因此明年或者后年的圣诞树市场就不一定会处于均衡的状态。

这里要说的关键是均衡并没有什么特别的引人之处。均衡只不过是一个结果而已。均衡只是将那些没有稳定下来的因素稳定下来之后所出现的状态。均衡的思考表明了对调整过程的认可，除非有人对事物的稳定过程特别感兴趣，多数人都能够对事物稳定后的状态进行简化分析。在马尔萨斯（Malthus）的分析里，当食品和其他自然资源的供给相对于人口非常贫乏时，低生育率和高死亡率使人口数量保持在一个稳定的水平上，这时人口就处于均衡状态。当夏天的公共海滩特别拥挤，以至于对任何想来海滩的人都不再有吸引力，但又不是非常缺乏吸引力，以至于使已经在海滩上的人离开海滩回家，那么这时海滩上的人数就处于均衡状态。当世界上的剩余鲸鱼数量少到人们很

难捕捉到足够的数量来获取利润，而现有的少量捕鲸者没有更好的活儿可干，他们捕捉的鲸鱼数量正好能够抵消新出生的鲸鱼数量时，那么我们说世界上的鲸鱼数量处于均衡状态。对于国家警察来说，当对超速者的拘留处罚频率抵消人们想开快一点的欲望时，高速公路上所设定的速度标准就处于均衡状态。

“均衡分析”中可能也有很多缺陷，包括在均衡分析中可能因忽视了调整过程而过于简化，或者可能由于忽视了那些决定均衡的参数的变化而夸大了均衡存在的可能性。但是不应该有人去反对“均衡分析”的可能性，唯恐一旦承认某样事物处于均衡状态，就等于承认这个事物状态良好。一个被绞死的人，如果尸体在绞刑架上不再摇摆， 27
那么他就处于均衡状态，然而没人会认为他状态良好。对经济学分析不信任的另一个原因来自于人们假设经济学家对所讨论的均衡持肯定态度。我相信这个假设通常情况下是错误的——尽管并不总是错误的，但通常都是错误的。

所以，经济学和其他社会现象之间的这种差别，无论是对的还是错的，将不会体现在分析方式之中，尤其不会体现在一种使用均衡系统，而另外的不使用的情况中。一个经济学家会以均衡概念来描述听众席中的就座模式，就像他对待空调市场那样。当所有人都就座之后，如果没人愿意换到其他座位上，这种就座模式就是一种均衡。把它称为均衡并不意味着每个人（甚至任何一个）都喜欢这种就座安排，只不过任何一个人群无法通过变换座位来得到更好的结果。称之为均衡也并不意味着没有其他均衡的就座模式，或者完全不同的均衡就座模式。

交换和其他交易行为

为了弄清楚为什么经济学研究的是一种重要的特殊情况，而不仅仅是一种分析所有社会现象的模型，请注意我所关注的所有行为系统的特征。这种特征就是人和人总是在互相碰撞并且互相适应，人们的所作所为总是影响着其他人。人们到底能够在多大程度上实现他们的行为目标，取决于其他人是如何行动的。你的驾驶情况取决于其他人的驾驶情况，你把车停在哪里取决于其他人的车停在哪里，你的词汇量和发音也依赖于其他人的词汇量和发音。你与谁结婚取决于你遇到了谁，谁愿意和你结婚，以及谁已经结婚。如果交通拥堵是一个让你头疼的问题，实际上你自己也是问题的一部分。如果你因为喜欢热闹而加入了人群，你自己也就成为人群的一部分。如果你因为不喜欢你
28 孩子的同学而让你孩子退学，你也就使他的同学失去了同学。如果你为了使别人能听见你说话而提高嗓门，实际上你也就制造了噪音，从而使别人也不得不提高自己的嗓门。当你把头发剪短，不管有多短，你也改变了其他人心目中关于人们头发长度的印象。

有时你关心其他人到底在做什么：当交通拥堵时，你希望街上的车少一些。有时你不关心别人做什么，但是你需要适应环境。你是否拥有上坡或下坡的优先行路权力是无关紧要的，你只要知道谁拥有这种权力就行了。通常人们既关心别人也受别人行为的影响。（如果你既不关心也不受到影响，那么你就在本书的讨论范围之外。）

现在让我们讨论经济学的特殊之处。经济学主要研究的是人们作为**自愿参与者**（voluntary participant）相互影响时的交易行为。最典型的行为是人们在自家的后院里用蔬菜交换鸡蛋。在一定条件下，这是一种“好事”。除非你对鸡蛋的需要超过对蔬菜的需要，否则你不会这样做，而你的邻居也不会这样做，除非他对蔬菜的需要胜过鸡蛋。其他人都不关心也无需知道你的午餐是什么，是否有煮老了的鸡蛋或生菜西红柿三明治。

当然，下面这些有点夸大其词：

> 鸡蛋可能含有过多对你不利的胆固醇。

> 你的邻居因为知道你会用蔬菜和他交换鸡蛋，可能会去偷鸡蛋。
>
> 有些人可能会认为养鸡场对小鸡过于残酷。
>
> 那个将和你交易的邻居可能已经知道鸡蛋是坏的。
>
> 当他煮你卖给他的卷心菜时，楼上的住户可能会非常讨厌卷心菜的味道。

虽然如此，传统经济学的研究对象一直指的是自愿交换，即对未参与交易或没有机会影响交易的所有人都不存在明显影响的交换。如果任何受到影响的人都是交易的一部分；如果交易是自愿的而且任何 29
人都可以以正当的理由阻止它发生；如果交易容易辨认，并且人们能够很清楚地了解他们自己的利益，从而从相关方面都可以通过参与或者阻止交易的发生来保护他们的利益；如果当人们在交易中表明自己的利益时，面对盗窃和敲诈等行为不是那么脆弱；如果在市场上卖蔬菜的人们能够得到保护以免被盗；还有，如果法律阻止人们通过给其他人的鸡投毒这种不正当的方式来为自己的产品创造需求，那么就可以大说特说“自由市场交换”是好的。至少在这种情况下是好的，即人们可以通过自由市场获得更多他们喜欢的东西，而这样做无需其他任何人付出代价。

要创造一个运行良好的自由市场，甚至一个完全的自由市场还有很多要做的事情。除了物质上的保护和契约的强制执行之外，人们还必须经常在周围逛逛，从而知道交易市场的行情，或者使人们能够获得足够的信息，从而使他们不用逛就能知道市场行情。在典型的自由市场背后，是几个世纪关于产权及其他法律安排、商品及服务的特定标准以及描述它们的术语等各种因素的漫长发展过程。想一想你通过电话就能购物，你也确信你能买到自己想要的东西，并且能一眼就看出商品之间的差别。但是这需要有保障制度，即一系列的法律和制度设计，以保护那些受到交易的影响但又无法改变交易的人的权利。

经济学家知道为什么市场无法使所有人满意的诸多原因。我已经在前面提到了一些。人们缺乏有关购买医疗保健用品的知识。很难说一部车况良好的二手车与车况较差的二手车之间有什么不同，或者一次欺诈性的维修工作和诚实的维修之间有什么不同。不泄露一项秘
30 密，就很难把它出售出去。一些市场很容易就被垄断了，经济学家不认为垄断市场运行会很好。为了说明这些问题案例，经济学家会习惯性地问市场为什么不起作用，并且他们还有一些相当不错的问题清单来帮助他们对市场进行诊断。如果保安人员在突发事件中无法勇敢地履行其义务；如果寿险公司不知道哪些客户是高风险的，但这些高风险的客户自己知道；如果治癌药品市场上的癌症病人关于自己的疾病获得了错误的信息，或者迷信于其他能治好他们疾病的药，或者很容易误认为自己是否得某种病；如果人们忽视危险机器的危险；如果人们能够免费收听新闻和天气预报；如果没人管理公共泳池中游泳者的违规行为；如果在体育比赛或赌彩中下重注者能够干预运动员的健康和安全状况；如果一些提供电话服务的部门必须联合起来形成一个互相联系的网络，即垄断；如果在十字路口的优先通行权问题上汽车和卡车司机互相之间没有渠道交流他们的想法和达成协议，那么这些市场都是失灵的。

注意，在所有这些例子中，最初都有理由相信市场可以运行下去。通过观察，我们发现尽管某些药品、信息、保险和演出合同的市场确实可以运行得很好，但是对于这些特殊的例子，它却可能无法运行，或者不能很好地运行，我们可以通过分析得到其中的原因。

同时，还有一些我们并不喜欢的市场，但它们却运行得非常好。例如，赃物市场就是这样，它鼓励了盗窃；同样的还有投票选举、倒卖交通车票的市场、政治回报市场，以及伪造的检查证明市场，甚至绑架商人市场——这些都是不应该在市场上进行交易的。

如果没有人买我的书，尤其是如果有人写了一本更好的书并占有
31 了全部市场，我会因此而抱怨，但是我可能不会因此而怪罪“市场”。

当我提到经济学主要是研究市场交易，其中每个受到影响的人都是自愿的参与者的时候，我必须说明一个限制条件：如果你购买了其他人的书，我可能会因此感到“愤然”，因为我希望你买我的书。我希望人们喜欢我所提供的产品并愿意支付一定价格，并且能够在一个愿意接受的价格上提供我自己想要的产品，但是这通常都不过是对未发生的交易的一种希望，而不是对已发生的交易的反对。

市场通常只在部分事情上表现比较好。当协调行为有效进行时，市场产生的收入分配可能无论从整体上说还是仅就我们自己而言，都并不如意。这也是为什么我让你对市场行为只感到惊诧而不是赞美的原因。（或者，即使无比赞美市场行为，也没有必要绝对肯定它。）

现在让我们来看看这样一种行为，初看起来像是“市场行为”，但是如果仔细观察却不是。为了说清楚我的观点，我将选择一个对于多数人来说都非常熟悉也没有争议的例子：圣诞贺卡的“非市场”。确实存在一个圣诞贺卡市场——在市场上可以购买到圣诞贺卡，而寄圣诞贺卡却要通过一个政府垄断的市场。但是我考虑的是，选择给谁送圣诞贺卡，送什么样的贺卡，送多贵的贺卡，什么时候寄出贺卡，是否要附言，以及如果要送给非基督教徒该怎么办。除了个人之间相互祝福的贺卡，我们还有老师和学生之间的贺卡，当选官员和选民之间的贺卡，保险销售人员与他们的投保人之间的贺卡，当然，还有你的报童给你的贺卡。

我认为相互赠送圣诞贺卡是一种“互动过程”，它受到多种因素的影响，包括习俗、对他人期望的预期、对他人可能送的贺卡的预期、去年收到（或没收到）的贺卡以及今年已经收到的贺卡，当然这是以贺卡成本和邮资多少、人力花费以及选择贺卡和在上面写字所产生的快乐或厌烦为条件——我发现人们的感觉和我都一样。

人们觉得从别人那里收到了贺卡，那就必须寄给别人贺卡；常有 32
的情况是他们收到贺卡只是因为寄卡的人期望收到贺卡。有时送贺卡是因为已经持续几年了，如果突然停下来可能会引起误会。人们还会提前送出贺卡，以避免收到贺卡的人猜疑他们是不是因为收到了贺卡才会回赠的。学生送贺卡给老师，因为他们相信其他学生也会这样做。人们可能很容易达成不要去劳神费劲地互送贺卡的协议，但是正常的人都会感觉这一协议会令人很尴尬，或者事实上达成这样的协议并不值得。（如果他们能够遵守这个协议，他们会高兴地送出一些“自愿”的贺卡来表示庆祝，然而这样一来，他们还是掉进了这个陷阱中！）

我对贺卡市场的初步探讨可以说明一个广泛而一致性的观点，那就是经济系统具有陷阱的某些特征。即使是那些平常喜欢圣诞贺卡的人，也会发现这个系统的某些部分非常滑稽可笑、荒谬，甚至令人愤怒。有些人希望根除整个制度。有些人希望来一次“破产程序”，从而使所有的圣诞贺卡记录都被删除，并使人们可以重新开始，仅仅从友情和节日的意义出发，而非从积累的义务出发赠送贺卡。

没人认为这个系统能达到最佳结果。即使每个人都可以猜测到他将收到哪些贺卡，并且在节日结束之前送出他所愿意送出的所有贺卡，也不会送出他不愿意送出的贺卡，那么这个结果仍然与理想状态有很大的差距。并且没人能够改变这个状况。

幸运的是，小小贺卡并不太重要。

人们最初可能将这种相互交换祝福的行为称为“自由市场行为”。但是“交换”在这里是一个带有讽刺意味的比喻。“市场”也不过是一个比拟，与实际相差很远并且这种比拟毫无好处。事情并不会达到最优结果，一个简单的原因就是没理由能使它们达到最优。没有任何机制将人们的个人反应行为协调为集体行动。

33 我们甚至不能说，如果整个系统运行得很糟糕，它就会消失。也没有任何机制来引导人们不要再送贺卡，即使每个人都和其他人一样不喜欢这个系统，并且希望它赶快消失。

曾经有一段时间哲人们认为行星应该遵循圆形轨道旋转。但是观察结果却清楚地表明事实并非如此，问题就被提了出来：“为什么不是这样的?”人们试图找到行星的轨道不是完美圆形的原因所在。人们最终认识到，由于存在运动和地心引力规律，因此，没有任何理由可以证明行星的轨道是圆形的。圆形不是常态，椭圆形才是。

当我们问为什么圣诞卡的“自由市场”没有带来最优交换时，答案就是，它根本不是一个市场，因此，一开始就没理由希望它能达到最优结果。运行良好的自由市场是复杂的自愿交换可转让商品的一种特殊情况。只有在某些情况下椭圆才是圆形的。

人为市场和局部市场

我必须在此为市场定义加上两个限制条件，一个扩大了市场安排的范围，而另一个则缩小了这一范围。前者指的是通过法律和制度创新通常有可能使某些行为具有市场的特征。法律关于“版权”的创新使得书写文字成为一种可市场化的商品。就好像一个伐木者，如果任何人都可以把他砍伐下来的木头拿走，那么不管他砍得多快，他都不会继续砍伐木头了。如果任何人都可以不费吹灰之力地抄袭作者精心创作的文字，作者也就不会继续写作了。产权法禁止我采摘你的蔬菜送给我的朋友，通过将“产权”定义扩展到原创性作品上，法律也不允许我出售你所写的著作，除非你授权给我。

在炎热的夏天，拥挤的海滩不再令人向往，甚至会叫人扫兴而归(即使在沙滩上也感受不到乐趣)，而海滩的所有者可以对它进行更好的利用，比如对每个来海滩的人收取一定的入场费用，这也增加了所有者的收入。或者将这种准入权在来海滩的人之间进行分配，并仔细 34
计算，以提高所有来海滩的人们的总体乐趣，喜欢洗海水澡的人也可以花钱从其他人手中买到准入权，因为后一种人可能更喜欢拥有金钱而不是游泳。

这些并不是所谓的“自由市场安排”。它们需要某种权威力量的介入来建立起一个管理系统，但是这个系统是模仿市场原则建立的。一种广泛而有用的原则就是创造一个类似市场的系统，但是这种方法还不能广泛应用。这种方法适用于公共海滩上拥挤的人群，然而对于那些拥挤在着火的大楼前看热闹的人们，尽管他们妨碍了救火人员的工作，使着火的大楼烧得更凶，但却不适用这种方法。版权法也不能阻止人们传播恶意的流言，或者阻止人们提前透露电影的结局而破坏对电影的悬念。

第二个限制条件指的是市场通常看上去运行得比实际和谐。我们在此不考虑一些社会性后果。市场似乎在给那些需要住处的人分配房屋或公寓的问题上做得不错，但是它只是将人与居住空间进行了搭配，却没有将人们与他们的邻居进行搭配。在选择房屋和居住环境以及邻居时，人口的、种族的和文化的模式都对整个互动过程起着决定性作用，市场交易则仅仅只把房东和租户包含在内。

同样，市场看上去对香水、除臭剂和便携式收音机等商品的生产和分配也起到了很大的作用，但是实际上并不存在一个使感兴趣的各方根据有关因素决定其用途的市场。

宠物市场也是如此。在猫市上无法反映出爱鸟者的利益，在狗市上也无法反映出爱猫者的利益，动物弄脏了人行道，但是市场也无法反映出行人的利益。确实，宠物买卖现象、对宠物的培训和管理以及
35 管理不当，是一个广泛的社会问题，其中只有很少一部分在宠物市场、宠物粮食市场、兽医服务市场，甚至有时是毒品市场上表现出来。

所有这些问题都在我讨论的范围之内，其中一个最重要的问题处于“市场安排”的界线之上。这就是婚姻。除了其他各个方面，大多数现代国家里的婚姻是自由人之间所达成的自愿的契约安排。缔结契约的两个当事人也是受影响最大的人。他们之间存在互补关系，同时也有一种预期的经济上的劳动分工。这种关系在很多方面都是不对称的，人们与他们的女佣、管家、商业伙伴、登山向导、家庭教师、飞

行员以及计算所得税的会计师之间的契约关系也都是不对称的。但是婚姻关系远不像上述长期的双边专属性服务契约关系，婚姻关系带有某些契约的性质，但是远不止于此；人们可以想象俗世中的婚姻关系也是一种契约法律关系。如果人们在情感上或宗教上不能接受这样的事实，那么他们就忽视了婚姻的一个重要特征。

但是如果把婚姻关系仅看成一种私人之间的长期互惠的专有性契约关系，则会忽视了婚姻更重要的特征。除了那些特别富裕的人、特别著名的人，以及某些忠诚的民族主义者，婚姻多数情况下都是一种个人选择。婚姻选择虽然受到语言、宗教、地域、教育等因素的限制，但是人们之所以要结婚，主要还是因为他们想结婚，并且配偶的选择并不属于遗传或文化的一部分。尽管如此，婚姻选择在总体上对遗传、宗教、语言、社会经济和下一代所处的地域结构等都有很大影响。除了孩子以外，婚姻本身会影响语言、宗教、社会流动、饮食口味和风俗习惯的分散与集中，甚至未婚者也会受到他们同龄人婚姻比例的很大影响。种族和宗教分离主义会受到已婚夫妇种族宗教结构的 36
极大影响。而婚姻中收入水平、职业背景、技术能力、聪明才智或者残疾、残障等是否匹配影响着经济和职业的流动性。

婚姻的多种社会后果使这一行为成为社会科学画卷中的一个核心现象，事实上市场过程仅仅是从一个角度来反映这个现象的某些重要方面。

互动行为

现在我们需要列出更多具有我刚才所讨论的性质的社会活动。首先，让我们回到有关听众席中的听众这个例子，并对它进行扩展分析。这个例子实际上研究的是对空间的分配问题。除了听众席中分配座位的例子，同样的行为方式还表现在人们在海滩上或在公共汽车上分配座位时；表现在人们一旦从拥挤的人群中挤出剧院就无所事事地站在人行道上，堵在拥挤的剧院出口处，挡住了仍然在向外挤的人们的情况中；表现在人们在聚会或招待会上聚集的方式上；表现在观看比赛、发生骚乱或观看展览时形成拥挤的人群时。从大的方面讲，还表现在居民区的居住模式上；从动态的方面讲，表现在棒球比赛发生骚乱时人们冲向出口或争先恐后离开停车场的时候，也表现在公路上汽车之间的车距上，还表现在登机时间快到人们排队等候的时候，或者在看表演时选择座位的时候。

没有哪一种单一的行为模式能够涵盖所有这些例子。有时候人们想相互离得近一些，而有时候又四处分散；处在人群边缘的人可能想冲进人群中去，而在人群中的人却不堪拥挤。如果每人都想处在人群的中心，那么人群就会非常拥挤，如果每人都想处于人群的边缘，那么人群就会逐渐分散，甚至不成为一个人群。

37 如果人们想要与特定的人保持亲密或者一定的距离，他们的行为就要复杂得多。人们由于性别、种族、年龄、语言、穿着或社会地位，或者熟识程度、友谊关系等而被区分。个人动机很有可能会带来惊人和意想不到的集体结果。

许多大学最近已经实现了男女同校，或者已经不再按性别将学生分开，然而问题也出现了，如果男生和女生们能够自由选择他们想与之同住的人的性别比例，那么应该如何将他们自己安排在现有的宿舍和餐厅呢？在 20 世纪 70 年代的哈佛大学，学校大约有 12 栋宿舍，学生总数中女生占 1/3。根据这些数字我们可以做出很有限的几种可能性安排。4 栋宿舍分配给女生，剩下的 8 栋分配给男生。也可以 12 栋宿舍各有 1/3 住女生，2/3 住男生。还可以 8 栋房子中一半住男生一半住女生，剩下的 4 栋宿舍全住男生。还可以 1 栋宿舍住女生，4 栋宿舍一半男生一半女生，3 栋宿舍中 2/3 住男生，1/3 住女生，剩下的 4 栋全部住男生。还可以有其他各种安排。

即使只有 2 栋宿舍，我们也可以得出一些结论。假设我们现在分析的这 2 栋房子是餐厅而不是宿舍，并且假设在非常拥挤的情况下，任何一个餐厅都能够容纳大多数学生。如果学生们能够在这 2 个餐厅自由选择男女就餐比例，他们将会如何在餐厅之间进行选择呢？

最简单的一种情况就是所有男生和女生都愿意选择男女生之间的比例为 1∶1，并且都会选择那个男女就餐人数最接近对等比例的餐厅。假设有 120 个女生和 100 个男生，女生必须优先选择，并且每个人都知道所有人希望是 50∶50 的搭配。

女生们希望男生根据两个餐厅中女生的比例按比例分配，并且，如果女生不喜欢太过拥挤，她们也会在两个餐厅之间平均分配。

现在轮到男生们来选择了。当 3/4 的男生到达时，可能有 40 个男生在一个餐厅，35 个男生在另一个餐厅。后来的人发现这两个餐厅中的男女比例有一点细微的差异，从而会选择更接近对等比例的餐厅。一个餐厅中有 60 个女生和 40 个男生，另一个餐厅中则有 60 个
女生和 35 个男生。前者吸引力稍大，后来者也就会选择这个餐厅， 38
那么这个餐厅中已经有 50 个男生，而另一个只有 35 个男生。现在男女比例的差别在这两个餐厅中就表现得更明显了，后来的 10 个男生进入有较多男生的餐厅，那么就会出现一个餐厅中有 60 个男生和 60 个女生，而另一个餐厅中只有 35 个男生和 60 个女生。最后来的 5 个男生更愿意选择有较多男生的餐厅，最终的结果是这个餐厅的比例是 60∶65，而另一个餐厅的比例为 60∶35。

如果另一个餐厅的男生现在可以自由选择改变就餐位置的话，可能有 10 个人觉得值得起来换餐厅，因为这时另外一个餐厅接近相等的男女比例，要明显好于他们所在餐厅的几乎是 1∶2 的男女比例。如果这 10 个男生换了餐厅，前一个餐厅的男女比例就变成了 75∶60，这已经破坏了原有的接近平衡的比例，而且他们刚离开的餐厅的男女比例是 25∶60，这时这个餐厅的男女比例几乎为 1∶3，因此又会有更多的男生愿意到前一个男女比例为 5∶4 的餐厅中去。又有 15 个男生换了餐厅，使该餐厅只剩 10 个男生，这样，男女比例就变成

了 1∶6，而那个拥挤的餐厅中的男女比例却是 90∶60。3∶2 比 1∶6 还要好一些，于是最后的 10 个男生也换到拥挤的餐厅中去了，从而这个拥挤的餐厅的男女比例最终变成100∶60。

最终的结果是这样的，尽管所有男生都更倾向于 50∶50 的对等比例，但最终的结果却是 100∶60。有一半女生所处的餐厅中男生数量以 1.6∶1 的比例超过她们，而另一半女生就餐的餐厅中没有男生，并且没有男生愿意改变。

如果我们强制性地将 40 个男生换到只有女生的那个餐厅，所有男生都会发现这种安排所达到的比例更令人满意，所有女生也会这样认为。但是这 40 个男生却不会停下来，因为有更多男生的餐厅总是更吸引人一些，尽管当男生们都去选择这个更吸引人的比例时，最终出现的结果一点也不吸引人。

最后，在没有男生的餐厅中的女生们也去了男生较多的那个餐厅，最终所有人都挤在一个拥挤的餐厅里就餐。

这个小例子——也是“均衡分析”的一个实例——并不是要得出某个结论。这个例子只是为了引起人们的关注，因为相互结交和亲
39 近——无论是在居住上、社会集会上或者工作地点上，甚至婚姻上——都是一个非常普遍的现象，后面的章节中我们会探讨人们根据年龄、收入、性别、种族或语言相互融合与分隔的过程。

前面我们已经讨论过的婚姻这个例子就是此种现象的一个实例，但在此值得一提的是婚姻中的另一些因素。结婚时配偶双方的年龄差别，都会受到其他夫妻结婚时年龄差别的影响。离婚和再婚的可能性都取决于在某个特定年龄段上是否有足够高比例的离婚和再婚，尤其是，如果离婚的人之间可以互相结合，一个较高的离婚率就会使离婚变得很有可能。

语言几乎是一个完全的适应性行为。一个人究竟说什么语言，取决于他遇到的人说什么语言，尤其是在他的家庭内部说什么语言。但是在双语国家或者多语国家，比如加拿大、芬兰、瑞士以及早期的

以色列和美国，尽管受到学校、政府、广播和路标的引导、鼓励及刺激，语言的集中或分散还是能表现出个体选择和反应所带来的倾向。

每个专业都可以研究其语言的发展。一些用语延续下来，而另一些则没有。有时为了应付某种需要而匆忙选择的用语会被不断重复模仿，成为语言，但是没人注意到这种说法的不准确性。即使有人意识到有些用语实际上比较糟糕，但是他们也会在一时想不出更好的表达方式时使用它们。当大家都懒得再创造新的合适的词汇时，我们也就听之任之了。一个拥有准确含义的用语一旦流行开来，就会被人们滥用，并且也不能精确地传递信息。这种情况就好像有时发现了一个自然的词语、一个简单的词语正好可以表达人们需要表达的丰富含义，于是这个词语就被人们选进了他们的词汇表中。我想在此提醒您在阅 40
读时注意像“好人”、“坏人”和“丑陋的人”之类的词语。

语言是由个体自由行为所发展起来的交流系统，比如流言的传播、新闻信息的传递，以及有关性、烹饪、园艺和汽车维修等正反信息的传递，笑话、故事和民间传说的流传以及比赛及裁判争端的规则等。参与到这个交流系统中的每个人都是系统的一部分，他对系统的参与是对系统的维持、修改、改变，甚至有时会使这个系统逐步衰弱或灭亡。人们从何处获得有关股票市场和赛马场的小道消息，如何得知批发商品的地点，看什么电影，上哪个餐馆，怎样避免感冒，和谁约会，如何寻求帮助，都包含在两种即时发生的相关行动中。他们在信息网络中传送特定信号，并且使这个网络得以维系。

信息网络、种族隔离、婚姻行为以及语言发展都是相互重叠、相互关联的问题。通常看到的是，商场、商店、出租车公司或汽车旅馆的劳动力都是同质的。无论是爱尔兰人还是意大利人，古巴人还是波多黎各人，黑人还是白人，新教徒还是天主教徒，这种同质性都能说明这些行业的目的，但是决定因素可能是一个交流网络。在这些岗位上工作的人都是知道有这些空位置的人，他们通常都是通过已经在那里工作的熟人知道这些空位的，而这些熟人通常与他们来自于同一学校、社区、家庭、教堂或俱乐部。这些岗位上的新员工都是可以由老员工提供担保的。

很遗憾，我现在不得不偏离本节的主题来描述一个我曾经经历的有关人群隔离的例子。我生日的时候偶尔会带一群年轻人去看波士顿红袜队的棒球比赛，去第二次或第三次时，我发现坐在我们周围的人都与我们惊人地相似——他们的肤色、口音、行为以及穿着，这种发
41 现在第四次和第五次时得到了验证。这里并没有明确的人群隔离，座位的票价都是一样的，因此我能够承担这样的票价，坐在这里的其他人也能承担。这里有 10 个售票窗口，并且在窗口排队的有年轻人和老年人，有黑人和白人，有男性和女性，有衣着光鲜的和穿着朴素的，有喧哗的和安静的。为什么我们总是坐在一群与我们如此相似的人中间呢？

过了多年我才找到这个问题的答案。生日宴会需要相互协调，因此我提前购买了座位。我是在哈佛广场的地铁站买的票。多数人都想坐在一起，这样如果售票处最初拿来的是一整个就座区的票，他几乎剩不了多少零散的票。于是，可以肯定坐在我们周围的人都是事先在哈佛广场买的票。（我的故事到此就结束了，但是确实有些人因为接受同一自助洗衣机店的服务而开始了他们的罗曼史。）

如果继续列举下去，我们的研究对象还包括由礼仪、礼节、社会地位、社会阶层所构成的系统。这个系统包括“马路行为”——站在大街上还是驻足停留；眼光注视前方还是点头打招呼；向别人问路，借火柴，问时间，换零钱等；以及是否带枪支上街，等等。它还包括骚乱和暴动的形成，惊慌举动，道路交通规则，交通习惯，以及人们相互识别的信号和标志。它也包括风格和口味、发型和化妆品、服装样式和珠宝、饮食习惯、咖啡时间和鸡尾酒时间、香烟、大麻、乱扔垃圾、擅自横穿马路、遵守或违反交通规则，以及是否帮助处于困境中的人们。

我不认为存在一个作为所有这些行为的基础的单一机制。恰恰相

反，在有些情况下，人们想与他人保持一致，而在另一些情况下，人们却想与他人表现出差别。有时法不责众——擅自横穿马路、吸食毒品、违规停车（如果违规的车很多，警察不可能对所有的违规车都开
出罚单）——另外一些时候人群过于庞大会使乐趣减少。有时人们需 42
要共享一个秘密活动，而行动的结果取决于对个人向陌生人暴露自己的行为是否有一定的处罚。有时人们想和其他人关系更亲密一些，这些人可能是老人、富人、高官，甚至是桥牌或网球打得特别好的人。另外一些情况下，人们会觉得年龄大一些，更富有些或更好一些，就会很舒适，而有时会觉得处于中间水平就是最好的。如果每个人都想待在家里，观看电视上时代广场上的人群，那么时代广场上就不会有人群了，而如果每个人都想加入到电视中的人群里去，那就没有人看电视了。

下一章我们要考察一个特殊的类别，也是一类特别有趣的行为模式。这种类别的行为模式的特点是无论群体中的个体采取何种行动，在总体上总是会实现的。抢凳子游戏就是一个例子，无论孩子们多么全神贯注，总有一个人会在音乐停止的时候抢不到凳子。纸牌游戏是另外一个例子，无论人们在游戏中如何算计，赢的钱和输的钱总数相加总是为零（除去买三明治的钱）。我们每个人都可以花掉手里持有的 25 分加拿大硬币，但是对于整个社会而言，我们却无法做到。总有 1/10 的学生的成绩排在最后的 10%。如果你把波士顿地区每个黑人的白人邻居加起来，并且把波士顿每个白人的黑人邻居加起来，只要你对于“邻居”、“波士顿”、“白人”、“黑人”的定义是一致的，并且计数时间相同，那么你得到的数字一定是一样的。

第 3 章我们要讲述社会科学家考察这些过程时所使用的 6 个一般行为模式。不同的运行机制有很多，但是许多只不过是在广泛行为区域内的重复表现而已。一些这样的重复性行为模式有固定的名称（我前面谈到的“命名现象”）：“自我满足预期”、“临界物质”、
“公用品”、“次品市场”、“加速原理”。第 3 章中我试图尽量证明一些 43

探究这一丰富而复杂的情况的模型是有效的，此后即使对这个问题还不是很清楚，读者也能够更清晰地了解我引导大家关注这个问题的目的。

第 4 章和第 5 章将通过详细研究“分类和融合”，借分离和整合的过程来阐明这种分析方式。并不是所有的选择都像与谁交往、与谁同住、与谁共事、与谁游玩、与谁共餐以及与谁同座那样是互动的、相互依存的行为。第 4 章着重研究种族、肤色、性别、年龄等离散性分类问题；第 5 章则研究年龄、收入、技术水平这样的“连续”变量的分类问题；第 6 章则着眼于一系列不太常见的选择，它们完全会在将来出现，并且可能是完全相互依赖的——比如对孩子性别的选择。

最后，第 7 章更严谨地说明了如何在这些思想的基础上建立正规的理论。这是比其他章节都难的一章，读起来会比较慢，而且也不太容易理解。就好像读设计图一样，几乎任何人都能读懂这一章的图表，前提是要对它们进行仔细研究。我知道在这个丰富多彩且具有广泛影响和重要意义的课题上，没有捷径可走。我希望前面的章节已经激发了你攻克最后一章的兴趣。前六章中除了在第 4 章结尾有一些图表以及第 5 章出现的一点基本代数之外，多数内容都应该很容易理解，尽管有时候你可能会停一下，但是也只是思考，而不是研究。如果你在读第 7 章时认为它的内容应该浅显易懂，那你就会感到失望。读图表有点像学习一种语言，只有多练习才可能更熟练。对经济学以及其他图表分析比较熟悉的读者在第 7 章的图表上仍要稍微多花点时间，不熟悉图表的读者花的时间则要更长一些。要知道，第 7 章中的多数内容并不是那么显而易见，了解这一点可能对你有很大的帮助。

第2章

抢凳子游戏中必要的数学分析

一个人的行为影响其他人的行为的一 47
个典型例子就是打电话。一个电话导致另外一个电话。有人可能会回电话，有人从这个电话中知道了新的信息，于是再打电话告诉其他人，或者一个电话可能促成了某些事情的发生。每一个读到此处的人都可以回忆一下最近几天接过的一个电话，它使我们打了一个或者更多电话给其他人。

这种行为值得研究。毫无疑问，我们可以发现有的人打电话高度依赖于他们所接到的电话，而有的人打电话则是比较独立的。有些人打出的电话远多于他接到的电话，而有些人接到的电话多于他们打出的电话。我们可以根据人们对于所接电话的回应比例来对他们进行分类。

我们也可以以国家为一个单位计算这个比例（这里不考虑国际长途，因为我们无法从其他国家获得所需要的数据）。为了避免概念上的一些混淆，我们应当定义“打出电话”和“接入电话”。有两种途径使这个比例数据很容易获得。一种途径是电话公司可能有通话记录。另一种途径是我们不需要从电话公司获得任何数据，但可以根据这样的逻辑推算出来，即除了偶然情况，一般不会有打出电话的数量正好与接入电话的数量相等的人，但是我们所有人整体上接电话和打电话数量是完全相等的。

我们必须小心谨慎地把接到一个电话或打出一个电话计作一个或多个通话。如，圣诞节打给祖父母的电话记成一个通话，也可以记成几个通话，只要两边一致，结果都是一样的。分机之间的转接可以只记一次，也可以记两次，但在接收两端要一致。如果我们把所有人定义为一个封闭的系统，那么这个系统打出的电话和接入的电话数量是完全一样的。

尽管送圣诞卡与打电话出于不同的动机，送出的圣诞卡主要是刺
48 激了贺卡的回赠，实际上它与打电话是同样的现象。（我偶尔会打电话叫计程车，但是计程车从来不会打电话给我；收到我赠送的圣诞卡的人，多数人都会回赠——虽然我通常记不得到底是谁最先送的。）有些贺卡我们没有回赠，有些人收到了别人的贺卡，但是却忘了或者不愿意回赠给他。有些人送出的贺卡比我们收到的多，而有些人收到的贺卡比我们送出的多。如果我们对人们进行调查，到底送出的贺卡没有得到回应的情况多，还是收到意外贺卡的情况多，答案可能是因人而异的，但是对邮政系统中的每个人来说，这两种情况出现的频率必须是完全相等的。对每一张不是相互发送的贺卡，送出者都没有得到回应，而接收者也没有回应。

从人们对电话的反应方式与对圣诞卡的反应方式中似乎很难找到什么重要的含义。之所以以这种方式开始本章的内容，是因为一些重

要的行为都有这样的特征，如果把这一特征放在电话联系这个人们熟悉的事情上，大家可能更容易理解一些。事实上，要是说接入电话等于打出电话，是打电话这种行为的一个特征，这可能是不正确的——因为这种观察方式没有对人的行为做任何研究。无论人们的行为是什么——或者拒绝接电话，或者在周日从不打电话，或者答应给别人回电话却从不回，或者把每一点流言飞语都通过电话告诉给其他人——无论有多少人按照接到的电话来派遣出租车和救护车，也无论人们是否传递电话，总体来看，我们接入的电话与我们打出的电话是一样多的。这个结果和人们的行为没有任何关系。

这和电话通话的结构有关系：每一次严格定义上的通话都有一个打出方和一个接入方。（这里用限定语“严格定义上”的目的仅仅是为了排除掉计数上的不一致性。如果是为了其他的目的，比如配置电话分机，其他的限定语就会更有意义，并且计数结果也不一样。）打出一个电话和接入一个电话是不一样的；对记账来说，“打出电话”和“接入电话”也是不一样的，但是一个完善的记录系统应该在一个复式记账系统中对每个电话进行记录，每列一个数字，这样在“有操 49
作性的定义”下对双方事件的记录就应该是一样的。

这个电话的例子是一类重要命题的实例：总体上正确的命题在细节上可能并不正确，并且总体上的正确性独立于人们个体行为的人数。这一命题对于一个封闭的行为系统是正确的，但是对于每个人的行为则不是，甚至对于任意一个比整体小的集体，这一命题也并不成立。有些这样的命题是显而易见的，不用我在此指出来。毫不奇怪，在波士顿，所有大小为 8 号半的运动鞋中，左鞋的数量与右鞋的数量基本上完全一致。不太明显的是如果把美国作为一个整体，那么骑着偷来的自行车的人数与丢自行车的人数是相近的。（我们允许两个数字之间有一定的差异，是因为被盗的自行车可能是在运输途中，或者在偷的时候被损坏了，或者骑到一定程度磨损了，或者偷来的自行车又被偷了。）

在社会科学中，经济学是这种起主要作用的学科。原因是显而易见的：经济学主要研究等值物品之间的交换问题。如果我买了一辆自行车，我得到了一辆自行车但失去了150美元；商店失去了一辆自行车但得到了150美元。商店将其中的90美元给了批发商以补充一辆自行车，40美元用来支付房租、工资和水电，20美元是商店自己的收益。如果我以同样的方式分析90美元批发的自行车，它可以细分为要组装的零件，装配商店的工资、租金和水电等。支付的电费又分解为燃料费、工资、发电厂的利息、红利、税金等。如果我们这样一直细分下去，我们会发现从我购买自行车的150美元中所获得的收益，包括收入、利润和所得税在内，其总和正好是150美元。

为什么这些收益加起来的结果“必须”是150美元，收益和税收的定义与这个重要的数字性结论有什么关系，除非你研究过国民收入
50 核算，否则并不是显而易见的。我倒希望这个结论不是那么显而易见，因为我认为，多数命题都不是一眼就能理解的，有些甚至读第二遍也未必能理解。

在经济学中这种“会计报表”是分析收入和增长、货币和信贷、通货膨胀、贸易收支平衡、资本市场和公共债务的基础。它们通常都不是浅显易懂的，尤其是对于那些从事这方面工作的人（相对于那些经常进行数据整理和分析的人来说）。这种情况就好像是抢凳子游戏一样，在不同的房间里都有参加者和凳子，人们可以单独行动，也可以以组为单位，人们不容易发现搬走的凳子，有时新参与者和新凳子会加进来。每个人只知道，要是他不够快，那么在音乐停止的时候他将抢不到凳子坐下，于是，就要被淘汰出局。人们在游戏中对行动较慢的人会很不耐烦，因为我们知道凳子的数量始终比参与者的人数少。无论游戏如何进行，音乐停止的时候必然会有人没有座位，这个数字丝毫不受参与者积极程度的影响。如果我们不停地加入与淘汰出局的人数量相等的新参与者，补充参与者人数而不搬走凳子，我们可

以计算出每个人因为抢不到凳子被淘汰出局之前能参加多少轮游戏的平均数。就算有人玩得非常好一直都没有被淘汰，或者有人第一轮就被淘汰了，这个平均数在数学上也是预先确定了的。

我们在经济学中要处理的典型问题与许多社会科学一样，也是反馈系统问题（feedback system）。“反馈循环”就是这种问题的一个典型的例子，不管人们如何行动，这个循环都存在。系统一端的输出是另一端的输入。我们不能通过不花钱而变得更富裕，就像在圣诞节时我们可以使自己收到的礼品价值比送出的礼品价值更高，只要可以也能通过花较少的钱购买送给别人的礼品。

有时候像关于圣诞卡的命题这样直接的命题似乎很容易被忽视，就像股票市场的一天可能被称为大“卖”或大“买”（great “selling” 51
or great “buying”）的一天那样。除非有人买你的股票，否则你将无法将手中的股票卖出去，同时，你也无法卖出你还没有持有的股票。同样，除非有人卖出他的股票，否则也没办法买进。人们通常都希望出现股票交易波动，这是无可厚非的，但是需要经常提醒我们自己的是，如果没有对等的购买行为，也不存在卖出“波动”，无论我们是否用这个词来称呼它。

概念的定义

我马上就要研究更多这种独立于人们行动之外的“行为”命题了，并且要证明，这些命题对于思考人们选择配偶、生育孩子、生活、工作、迁徙和退休等都是有帮助的。不过，先对这些命题的重要性进行讨论是值得的。

注意，当我描述这些命题或者至少希望能描述它们时，它们都具有公理性的一些特点，或者在数学上可能被称为“恒等式”。恒等式表示等式结果与数值没有关系。比如，命题 $(a+b)(a-b)=a^2-b^2$ 这个等式并不是一个方程，我们无需求出其特定的 a，b 值，这是一个对于任意 a，b 值都成立的等式，是一个无条件命题。我们不需要通过一系列数据代入来证明此命题的正确性，等式的每一边都可以通过标准运算推出另一边。类似地，口头陈述是我们通常把这种情况说成是“定义正确”，或者更精确地说，通过逻辑运算从定义、公理、假设中推导出来。

有时候这种情况意味着任何一种定义正确的命题——即相对于任何可能的事实，无论取何值其结论都必然正确的命题——没有提供任何新的信息。如果我们说美国住房空间体积的立方英尺数等于全部住房面积乘以天花板的平均高度，那么这个定义除了提醒我们什么是立方英尺的定义外，没有任何其他意义。

52 要注意的是，从某个角度来说，我所讨论的这种命题取决于它们的定义。但是从这个角度来说，几乎所有命题都取决于其定义，包括那些必须建立在实证数据基础上的命题。考虑这样一个命题，平均来说，一个城市家庭的收入水平越高，花在住房上的比例就越少。如果这个命题是正确的，那么它并不是一个“定义正确”的命题。它的正确性取决于“收入”、“住房”和“城市家庭”这些词语的定义，尤其当我们把这个陈述用数字形式进行表示时是这样。我们必须定义“住房”这个概念是只包括主住宅还是也包括度假住房、宾馆、学校宿舍以及车库；是包括土地还是只包括建筑物；是包括所有屋内设备还是只包括房屋本身；是指家庭居住的房屋还是仅指租住的房间。对于自住房屋，这个定义就需要详细说明“开销”是否包括房地产税，以及与财产的租用价值等价的设备数量；还要说明“收入”必须包括还是不包括家庭自身本应支付的租金以及任何的资产升值。这个定义还必须仔细规定工作了的孩子们是否住在家里，或者祖父母是否是“家庭”的一部分，以及祖父母的退休金是否属于“收入”的一部分，等等。总的来说，定义越清楚，命题就越正确，如果我们的目的是要找到一些有趣的行为规律，那么“更好”的定义将是那些在统计上能导致正确命题的定义。

但是这里可能有另一个命题，它属于本章将要考虑的一类命题，即城市家庭的住房开销等于为城市家庭供应住房的总收入。如果我们根据最终收益人和最终权益人对住房款的分摊进一步进行详尽的细分，从而对“总收入”的定义更为细致，那么这个命题就越接近于正确。如果我们的定义忽视了维修成本和当地政府在房地产税上的“收入”，或者在总收入中排除电费开销，而在开支中却计入电费，那么我们的命题就不是正确的。（与之相似，如果每一个询问天气预报的 53
通话都只计为打出电话而没计为接入电话，那么我们关于电话通话的命题将不会是正确的。）

这两种命题都严重依赖于对等式两边相关条件的定义。区别只在于一种情况下等式两边，或命题的两项之间，在逻辑上并不必然地表现出这种一致关系——当收入增加时，住房开销所占比例可以上升，也可以下降——而另一种情况下，命题的正确性只唯一地取决于我们认定的所有可能性和在命题中准许可能性的详尽程度。同样地，如果住房花销所占比例上升的话，其他开销所占比例就必须下降，这个命题不需要建立在对食品、娱乐、税收、储蓄债券等进行计算的基础上。相同的例子还有，如果肺结核的致死率下降，其他致死源的死亡比例就会上升，只要我们能找出每一例死亡的原因。

问题是，尽管这些命题的有效性取决于我们是否对条件定义得足够清楚以使它们成立，但它们是否能够告诉我们任何我们不知道的东西，或者告诉别人——那些不在意命题的定义是否使其成立的人——一些他们不知道的东西。在这个问题上，每个人都有他自己的判断。如果这个命题能够告诉你一些你不知道的东西，或者你从没想过的东西，那么你就获得了进步。尽管它告诉了你有关这个世界的一些东西，但是这个命题不是一个经过实证检验了的科学性结论。你可能从来没有意识到，为什么今天比 50 年前越来越大比例的人死于非传染性疾病，原因之一就是传染性疾病的死亡率下降了，而并不是因为其他疾病的致命性程度有所改变，如果你认识到这一点，即使你可能会为一开始没有认识到这一点而感到羞愧，那你也是有进步的。

54 许多问题看起来似乎都没有包含能够解决问题的充足数据，但是实际上这些问题都具有一个不太明显的共同特性。（一个问题有意思的地方通常就在于当你一再咀嚼它之后，你会发现它的要点其实很“明显”。）你有一杯杜松子酒和一杯苦艾酒。你舀起一汤勺杜松子酒倒进苦艾酒里。接着你舀起第二杯里面的液体，即掺了一点杜松子酒的苦艾酒，然后倒进第一杯里。现在是杜松子酒里的苦艾酒多呢，还是苦艾酒里的杜松子酒多？

一个男人在船上掉了一个瓶子（带瓶塞），但是当他发现时他已经逆流划了半个小时了；他掉过头以同样的划桨速度顺流而下，他找到瓶子的时候这个瓶子正好漂到水坝边。水流的速度是每小时 2 英里，那么水坝离瓶子失落的地方有多远？

要用 2 英尺乘 1 英尺大小的瓷砖铺满一个 16×16 平方英尺的地板，需要 128 块瓷砖。但是若想在东北角和西南角分别留出 1 平方英尺，以作为暖气和电路的接口。留出来的 2 平方英尺正好等于一块瓷砖的面积，那么 127 块瓷砖就应该足够了，但是这些瓷砖不能一排一排平铺在地上。到底应该怎样摆放？还是根本就没法摆放？

对于有些人，即使经过一些思考，也不能立刻明白答案，本章结尾会给出一个注释。经验告诉我们，这样的人并不少。本章一开始所提出来的电话问题的命题，也不总是显而易见的。如果有人把这个命题应用于异性之间的长途通话，那么它就更不明显了。大量的教学实践告诉我们，经济学中一些最基本的“会计恒等式”一开始都不是显而易见的，而且也不容易表达，学生们必须对它进行仔细研究，才能理解这些关系，如纸牌游戏中赢的钱正好等于输的钱，或者即使快速
55 地将 25 分的加拿大硬币传递给其他人，最终我们中的一部分人仍会持有硬币。

有一个原因可以解释为什么许多命题都不是显而易见的。尽管人

们一直在从事着与命题相关的工作，但是他们发现命题与他们的经验不相符合。如果在同一天，一个人既交了过期的保险费，又还了银行最后一笔贷款，还交了彩电最后的一次分期付款，他不可能知道哪一笔交易减少了美国的货币供给。更有意思的是，他的银行家和彩电销售人员可能也不知道。一个学生选择就读的大学或学习的课程时，可能希望自己的成绩好过班级里的多数同学；一个顾客给他的理发师小费时，可能希望自己所给的小费比平均水平高一点；如果每个人都有同样的想法，他们就不必庸人自扰。在一个长方形的桌子周围坐了几对夫妻，每人都坐在异性旁边，每对夫妻都互不相邻，男主人和女主人正好坐在桌子两头相对的位子上，那么总共应该有几对夫妻，可能有人还是算不出来，即使对那些婚礼招待人员也一样。如果每个男人都娶了比自己小 4 岁的妻子，而人口增长速度保持在每年 3%，那么适婚妇女的人数就会超过适婚男子人数 12%。即使包括那些专门筹办婚礼的人在内，多数人可能都没有想过这样的问题。多数人都认为通货膨胀会降低购买力，而不去考虑他们自己工资的增加正是其他人感到通货膨胀的原因，且至少有一部分必须相互抵消。

这些命题只有在考虑整体时，或者只有双边交易的双方都被考虑的时候才是正确的。人们的经验通常只是单方面的，或者在某些情况下，人们会觉得只要自己快一点，就会领先于其他人。在有些收费桥梁和收费公路上，在每周 6 天之内，几乎所有路过的车辆都有去有回，但是人们还是要来回收费两次，使成本和交通延误都加倍了。

两类群体的匹配

如果一个匹配组合的两个方面由互补的两类群体组成，那么就不 56
可避免地要用到数学。婚姻就是一个突出的例子，一夫一妻制的优点在于，在一个男人和女人人数基本相等的自然群体中，人们的预期寿命相似，这种安排对于两性双方来说，有较高的结合机会和两性平等的机会。

一个不容忽视的事实是，在一夫一妻制的群体中，未婚女性和未婚男性的人数差别与男女之间人数的差别是一样的。如果我们定义一个适婚年龄段，在一个稳定的群体中，这两者差别的百分比将与这个年龄的预期寿命差别的百分比相等。[1]如果女性活的时间更长，或者结婚更早，女性人数就会比男性多一些。社会中未婚女性比未婚男性就要多一些。因此，结婚的人越多，未婚女性与未婚男性的比例越大。如果女性 17 岁就可以结婚（美国就是如此），而且此时她们的预期寿命还有 60 年，男人可以在 21 岁结婚，他们的预期寿命还有 50 年，那么在一个人口稳定的社会中，成年女性将会以 60∶50 的比例超过成年男性的人数。如果有 1/5 男性未婚，那么就有 1/3 女性未婚。如果女性比男性早 3 年结婚，且比男性多活 7 年，那么在女性平均比男性多活的 10 年里，她们或者离婚，或者守寡。

有人认为婚姻习俗与预期寿命之间出现了不一致，女性比男性寿
57 命长一些，结婚时比男性年轻一些，并且有长时间守寡的可能性。男性或女性是否愿意看到另外一种情况，现在还不清楚，但是如果他们愿意的话，我们可以考虑减少男性与女性之间的差别，或者将其颠倒过来。首先让我们在一个恒定的人口中考虑第一次婚姻情况，假设在 10 年内所有丈夫与妻子之间的平均年龄差别减少为零。在这之后所有事情都同步发生：男性与女性年龄相等，并且此时像过去一样更容易找到自己的另一半。但是在达到这一点之前，将会有 3 年的年龄差别。男性结婚更早，女性结婚更晚，或者两者都有。如果男性结婚更早，那么 10 年内在妇女人数不变的情况下，有 13 年的男性青年都到了适婚年龄，那么就有 3 年的男青年找不到配偶。如果女性结婚晚 3 年，那么就有 10 年内的男性适婚青年，并有 7 年的女性达到适婚年龄，但是仍会有 3 年的男青年找不到配偶。这两种情况的任意一种组合都是一样的。

这种数学关系并不仅仅针对婚姻问题。如果存在阶段转换，它也可以应用于解决任何两组事物或人群之间的同步流动问题。

在婚姻的例子中，我们一开始就讨论了寡妇比鳏夫数量多，所以有多余的女性匹配男性。但是如果一个 50 岁的男性和一个 70 岁的女性相配不合适，那么未婚男性的年龄分布将在半个世纪中都会呈现出驼峰形状。

不仅如此，如果每个人都早结婚，并且离婚现象很不普遍，那么这三年的男性剩余数将会成为过剩的一代（就好像战争中男性大量死亡后，女性也会出现这样的情况）。但是因为存在离婚，并且不是所有人到了适婚年龄就结婚了，因此在每个年龄阶段都有未婚的妇女存在。有些年轻男性会娶比自己大的女性，有些年龄较大的男性甚至娶了比自己年龄还大的女性，就是因为存在这三年的剩余数。如果将这个阶段推移三年，就会使三年的适龄男性不能在这个阶段结婚，或者娶比自己年龄大的女性。这就不能将年轻男人和年轻女人进行匹配。由于存在三年的剩余供给，因此必须有其他的安排，这就好像当夏令 58
时结束的时候，有额外的一个小时多余出来。

匹配人口的数学问题同样适用于跨种族或跨语言的婚姻。对于具有同质特征的家庭来说，比如种族和语言，与一个初次婚姻年龄阶段的年轻男性和女性人数是大致一样的。如果跨群体婚姻中的男女存在不对称性——比如，说英语的男性有更多机会娶说法语的女性，即说法语的女性有更多机会嫁给说英语的男性——而不是相反，那么无论有多少人结了婚，说英语的未婚女性都会出现剩余，而说法语的未婚男性也会出现剩余。（驻外军事部队就是一个例子。）

把所有的跨群体婚姻放在一起考虑，我们可以得到一个定义正确的结论（前提是一夫一妻制以及人群中只有白人与黑人），那就是白人嫁给黑人与黑人嫁给白人占总人口的比例正好相反。在美国这一代人中，不管黑人与白人结婚的总人数到底有多少，黑人嫁给白人的比例大约是白人嫁给黑人的比例的 8 倍。

两类群体的分布率

婚姻是一个特殊的例子。人们常常会对一些地方的两类群体的比例问题感兴趣。一个例子就是如何将大学中占总数3/4的男生分配到12栋宿舍的问题。很多种分配组合都是可能的，所有主体都受到一个数量限制。举例来说，所有宿舍都可以有一个共同的单一分配比例：3∶1。还有一种方法分配男生和女生，从而使女生住在有一半男生的宿舍楼里，6栋楼一半住男生一半住女生，剩下的6栋全部住男生。如果2栋宿舍只住女生，剩下的10栋宿舍中男女比例平均应该
59 是9∶1。如果有2栋楼只住女生，另有2栋楼中一半住男生一半住女生。这个原理对于大一的学生、黑人学生、已婚学生或任意群体都是成立的。如果黑人学生是学校中人口总数的1/12，他们都可以住在一栋宿舍中，或者以50∶50的比例分配在2栋宿舍中，或者以1∶3的比例分配在4栋宿舍中。这些宿舍楼里白人与黑人之间的平均比例不可能超过12∶1。

如果规模比较小，人的不可分性就会变得非常重要。如果在4个人的宿舍里进行分配，每人占总人数的比例不可能少于25%。如果黑人是总人数的1/12，那只有3/11的白人可以有黑人舍友。如果每个黑人都想与黑人同住，而且白人也有同样的想法，唯一可以接受的比例就是2∶2，其中10/12的宿舍都只住白人。同样的结论也适用于医院里的病房分配、部队分班，甚至还适用于更极端的例子，例如当警察二人一组坐在二人巡逻车中，每一辆巡逻车里的警察都按照50∶50的比例进行分配，每辆巡逻车中的两个警察肤色都不相同。

如果我说每个人都有可能在这种枯燥乏味的数学上犯错误，你可能会觉得难以置信，然而我必须说明人们确实会忽视这一点（即使这看上去极其浅显，人们甚至不必花费精力去研究它）。想一想这些命

题听起来多老套，令人震惊的是校方委员会居然花了那么多时间去研究那些有关宿舍中男女混住，或者黑白混住，或大一学生与大二学生混住的建议，这样的研究方式违背了简单的数学定理，即无论你如何对学生进行分配，所有宿舍里的学生人数加起来必须等于所有学生人数。

成长的动态学

人口统计学中充满了许多不可违反的数量关系。这些关系中多数是一些简单事实，比如每个人活一年也就老了一岁。去年 20 岁的人，不考虑在这一年中死亡的，今年就是 21 岁。21 岁的人变成 22 岁只有一个办法：等待一年。 60

我们看到了在两类同龄人群的适婚年龄段变化时的特殊情况；在单一人群中也存在相似的现象。[2]

如果某些行为只有达到一定年龄才可以参与，那么考虑一下如果将这个年龄改变一两岁，将会出现什么样的情况，比如说应征入伍的年龄，或者是上小学一年级的年龄，或者将高中就读年限增加一年或减少一年。

假设部队里的现役军人共有 200 万，都是 21 岁应征入伍，并且都服役两年，考虑一下如果将现行政策改成 20 岁应征入伍，那会出现什么情况。可能有如下三种情况。

第一种情况，有一年的成年男性可以不用应征入伍。改变入伍年龄之前与之后，每个人的生命中都可能会在某一年入伍；政策变动的这一年对某些人来说是个幸运的年份——这年 21 岁的成年男性不用应征入伍，他们可以多过两年的市民生活。

第二种情况，我们可以在这一年中招收两个年龄段的成年男性，使我们的部队在这两年中达到 300 万人。第三种情况，我们可以使

20 岁和 21 岁的青年同时应征入伍，而 22 岁的青年提前一年复员；第二年同样也有一半军人只需要服役一年就提前复员。

换句话说，有 100 万人跳过了两年的服役期；200 万人分别节省一年的服役期；或者说，部队增加的 100 万人服役两年。

这就好像在一个每小时预约一次而且 24 小时开放的曲棍球场上，当夏令时生效时一样。那些预订了午夜 12 点到第二天凌晨 1 点的场 *61* 地的年轻人，在 11 点 45 分钟来到场地，换上冰鞋，15 分钟以后，已经是第二天凌晨 1 点了，而他们预订的时间已经“过了”。或者是他们与预订了 1 点到 2 点的人挤在一起，或者他们各自使用 30 分钟场地。时钟转动的速度没有改变，但是对时针上的一个小小阻碍都会产生供给和需求上永远的重叠。

同样，如果入伍年龄提高，我们可以在两年中使部队减少 100 万军人，使两届军人服务三年，或者从别的地方征召 100 万军人，从数学上看不可能是其他情况。

请注意这里三个变量之间的关系：应征入伍率、服役期限，以及人口规模。如果每年有 200 万人达到了服役年龄，你希望每人都要平等地服役，并且希望部队里每年保持 200 万现役军人水平，那么每人都必须服役一年。如果你想要保持 200 万现役军人水平，但是希望每人都服役两年，那么每年你就只能征召 100 万：也就是 100 万青年入伍，另 100 万青年不用。如果你想要每年征召 200 万人，每人服役两年，又保持部队人数在 200 万的水平，你只能自创一种新的数学方法。

如果法庭想对犯罪指控进行加速审理，那么同样的数学模式也适用于这个过程。监狱可能在相当于平均服刑期限的一段时间内更加拥挤，否则，就一定有更多的罪犯被释放，或者有一些罪犯被提前假释出狱。在医院排队等候床位也是同样的现象。

如果控制人口出生率，使之等于正常死亡率，因而出现“零人口增长”，那么小于 25 岁的人口比例到 2000 年时将会比当前的 43%低一半左右——即 22%，并且如果当前各年龄段的死亡率保持不变的话，这个比例还会逐渐增加到 33%。

加速原理

我有一个喜欢劈柴火的朋友，他喜欢劈柴火就好像人们喜欢打网球一样。但问题是他必须有木柴才能劈柴火。

他也烧木柴，但是劈的柴火与烧的木柴数量之间没有任何关联。 62
这两种行为是毫不相关的，只不过前者正好制造了燃料，而后者正好是消费燃料。他喜欢劈的柴火比他烧的木柴数量多得多，他也不能把劈的柴火扔掉。如果要他承认他仅仅是将这些木柴劈开，使它们腐烂得更快，那么劈柴火的乐趣也就没有了。他不能卖掉那些柴火，也不可能把它们送给别人。

我有一些喜欢小孩的朋友，尽管他们也喜欢十多岁的孩子，但是他们尤其喜欢儿童。儿童会长大，他们不想要那么多大孩子。如果一个小孩要花 15 年时间才能长到 7 岁的话，这些朋友会愿意要两到三个孩子。但是他们如果想在未来的大约 20 年中使家庭中总有两个 7 岁以下的孩子的话，他们的家庭将会变得越来越大，以至于他们无法负担。

住房建筑非常重要，这并不仅仅是因为它补充或增加了住房供应，还因为它是很多人谋生的途径。它为其他行业提供了机会，比如水泥和木材行业、油漆和管道行业；而且对于那些把汽车和棒球门票卖给房屋建筑者的人来说，也是重要的。但是住房是一个耐用品。如果建筑行业要在 5 年内增长 25%的住房供应，那会出现什么样的情况呢？如果建筑行业原来每年要替换掉现有住房的 1%，并且额外增长 2.5%，那么要使住房总量以 5%的速度增长，那就要使现有房屋总量的年均增长率为 6%，而不是 3.5%。建筑行业的生产率必须在 5 年内以每年接近两倍的速度增长，然后再回到一个新的“正常”生产率水平上。如果住宅存量每年再多增长 2.5%，建筑行业必须即刻以近 100%的速度扩张，5 年后，当住宅行业股票重新回到 2.5%的增长水平时，建筑行业才会开始收缩。

对少数民族的招募也是一样的。假设某些劳动力的更新率是每年 5%——比如说，邮递业雇员。黑人雇员人数一直保持在总共 50 万员工的 5%的稳定水平上，也就是说 25 000 人，正常的招募应该是每年
63 招收 1 250 个黑人和 23 750 个白人。现在有人决定在 4 年内使黑人的比例从 5%增加到 11%。在这 4 年内，有 5 000 黑人要离职或退休，招募黑人的数量必须增加 30 000 人，所以必须招募 35 000 人，而整个招募人数仍然是 100 000。这样黑人在招募的员工中的比例就从 5%提高到 35%，增加了 7 倍，并且在第 4 年末降到 11%。

注意，如果更新率提高两倍（而且人们平均工作 10 年而不是 20 年），每年的招募人数也将会提高两倍，4 年内招募的人数将达到 200 000人，招募的黑人达到 40 000 人，或者说从 5%上升到 20%，而不是从 5%上升到 35%。稳定水平量的改变对招募比例产生的“杠杆作用”与人口的寿命同向变动，而与更新率反向变动。如果一个四年制大学打算将少数民族学生的比例从 5%提高到 15%，如果计划要在两年内完成，那么每年招收的少数民族学生必须占新生总数的 1/4，如果计划在一年内完成，那么当年招收的少数民族学生必须占新生总数的 45%。

同样的原理也适用于有关 200 万应征新兵的例子。新兵要花 6 个月时间训练，这样，部队就有 150 万经过专门训练的士兵。在紧急情况下，可以在 6 个月内使经过专门训练的士兵人数翻番。以往我们每 6 个月增加 50 万士兵，训练他们 6 个月，使他们替换那些已经完成两年服役期的士兵。现在我们在 6 个月内替换 50 万士兵，再加上原有的 150 万士兵。6 个月内我们增加的招募士兵人数是以前的 4 倍。到年中时受过训练的人数是原来的 4 倍。如果士兵的服役期仍然保持为两年，每半年招募的士兵人数就会从 200 万下降到 50 万，平均训

练次数也同时会下降。

我们可以使这个原理更加复杂。假设训练应征入伍士兵的教官本身也要参加两个月的培训课程，那么教官和受训者的人数比例就是 1∶11，而且一个典型的教官（即他自己也是应征入伍的士兵）要在工作岗位上待 22 个月。训练 50 万新兵需要大约 45 000 名教官，加上 4 000 名在受训的教官，以及每月 2 000 名更换的教官转业。当我们需要在 6 个月内使部队人数翻一番，并且要对新兵训练 4 次时，我们就需要 4 倍的教官，即 180 000 名教官而不是 45 000 名。而且我们现在就需要他们。那么我们一次就要让 137 000 名新教官参加两个月的培训课程，而这个培训课程以前一次只承担 4 000 名教官。一下居然增加了 35 倍！（我认为我们根本无法做到。） 64

再让我们来看一下这里的关键变量，它们是：（1）某种人口存量水平的增加，（2）增长发生的速度，（3）持久性或长期性，比如按增长率增加人口的更新率。在经济学中这被称为“加速原理”。只要两种性质完全独立的行为之间存在相关联系，一方是另一方增长的原因，加速原理就起作用。（慢跑鞋生产的数量通常与慢跑鞋的销售率成比例——如果慢跑运动人数在一段时间内保持恒定的话，也与参与慢跑运动的人数成比例——但是生产慢跑鞋的工厂新建速度更可能与生产率的增长率成比例，与“加速度”和速度之间的关系一样。“加速原理”这个名称也是由此而来。在经济学中有关投资与消费之间的数量关系的加速原理也非常重要。）这个原理还反映在每个人的个人能量供应系统中，饮食和体重之间的性质完全不同，但是一方的数量影响着另一方的变化，其间存在密不可分的关系。

在分配中的地位

问一问司机他们认为自己的驾驶水平比平均水平高还是低，多数人都认为他们比平均水平高。但是当你这样告诉他们时，大多数人都会露出窘迫的微笑。

这有三种可能性。他们头脑中的平均水平是一个算术平均数，如果有少数人驾驶得很差，那么多数人可能都“高于平均水平”。每个人都把自己所认为重要的品质给予较高的评价：驾驶比较谨慎的司机
65 认为在驾驶水平中谨慎非常重要，而驾驶技术比较好的司机会认为技术非常重要，而那些自己不具备这两者的司机认为至少他们非常礼貌，驾驶中礼貌是很重要的，因此在他们自己的品质排名中他们认为礼貌的重要性是很高的。（为什么每个孩子都认为他们自己的狗是全社区最好的狗，这是一样的道理。）或者另外有些人可能就是自己骗自己。

我们可以问得更明确一些，比如他们认为他们在驾驶过程中谨慎程度是高于平均水平还是低于平均水平；现在如果我们从比较谨慎的司机中挑出一多半人来问这个问题，当我们告诉他们结果时，将会有较少的人感觉窘迫（虽然他们可能希望大家都有尴尬的笑容）。

事实上，有20%的人确实是那最穷的20%，有15%的人确实是最富的15%，有10%的大学新生确实就是他们班排名最后的1/10。

准确地说，这不是一个事实。这是一个定义。如果最后的10%可以确定的话，那就是个“事实”；如果用一定的平均数可以将每人都划分到一定的百分点范围，那就是个“事实”；如果在棒球比赛中本赛季第一周前10名平均击球最好的选手有决定性意义，那么这就是个“事实”。如果“美国最佳个人全能运动员”仅仅只有一个人——即使有时候没人符合条件，而有时候可能有两个人能当此殊荣，那这个“事实”也成立。然而，就好像说最高的1/3的人比次高的1/3的人个子高，这不过是个定义而已。

即使一个班级中排名最后的1/10或社区的老年居民中年龄最小的1/5退出了集体，这个事实仍然存在。也就是说，即使社区里老年居民中年龄最小的1/5退出了或被驱除出社区了，也无法通过排除

1/5 来消除老年居民中年龄最小的 1/5。

更重要的事实是，在许多行为和情况中，人们是比其他人老还是年轻，贫穷还是富裕，高还是矮，以及特别是他们到底是属于那最后 2/3、1/2，还是最后 1/4，抑或甚至是最后 1/10，确实事关重大。当我们组成一支沙滩棒球队时，在居民住房区征求老年人入住时，加入一个网球俱乐部时，或报名参加一个法律学校时，这些也是重要的。

确实有 1/5 的人就是那最年轻的 1/5，尽管这个论断的信息显得 66
没有什么价值，但是它的含义却并不简单。注意这个论断对于每个特定的人来说都不是正确的。这不是一个有关个人的论断。这仅仅是一个有关群体组成的论断。如果我们详细定义了那些不仅在意他们自己是否在最后的 20%中，而且还对此有一定想法的人，或者定义了那些一贯认为他们自己所在群体是比较年轻或比较年长，而实际上却并非如此的那些人，那就是一个切合实际的论断——一个科学的、可经过实践检验的观点。如果人们认为网球俱乐部里 90%的人都比自己打得差，从而不愿意呆在俱乐部里，那么每个人都会相继离开，俱乐部最终就会解散，而打得最好的人逐渐地也就成了打得最糟糕的。这种情况发生的速度取决于是只有 2%的人认为他们是前 10%呢，还是前 15%的人认为他们是前 10%，还取决于是否前 10%中最好的 5%会快速离开，而稍逊一些的人则慢慢离开，以及 80%感到满意的人能在多快的时间里发现较好的运动员都在相继离开或已经离开。

空间关系，正如我们在本书开始时所讲到的观众席问题，也是这个原理的一个特殊例子。就好像有人总是年龄最大的一样，有人总是坐在前面。如果所有人都想成为人群的中心，他们将达不到目的，如果所有人都想处于人群的边缘，那么他们也达不到目的，而且可能使人群解散。他们的愿望从个体上来说都是合理的，但是集体上却是无法满足的。

这个原理对于人们的行为是成立的，对于人们本身也是成立的。每个人在给侍者小费时可能都希望自己给的比平均水平多一些，每个人都希望自己的学期论文比平均水平写得长一些，每个人都希望当多数人都到场的时候再入场。当然，这些都能够用平均值和中值，如前 1/3 和后 1/4，以及前 10%等来表示。当然可能没人愿意成为极端的那种人，没人愿意是集体中最年轻的，或最矮的，或最穷的；或者没人愿意是第一个站起来的，第一个鼓掌的，第一个说话的，第一个裸泳的。

排队等候和循环运输系统

67 在滑雪吊索（运送滑雪者上山坡的吊索设备）旁排队等候时（队很长），我听见有人抱怨吊索应该走得更快一些。尽管这可能需要一个更大的引擎，但是管理方应该能支付得起这个价格。这样的抱怨值得声援，但是事实上这个建议根本就无法实行：吊索速度越快，排的队越长。

对于一定数量的顾客，我们有一个循环系统。每个人都在重复这个循环，尽管顺序不同。前面的一对顾客送走之后，后一对顾客需要等一段时间才能有座位。两个滑雪者进入吊索的时间是 6 秒，这个时间与吊索速度没有关系（尽管如果吊索速度快一点，掌握正确姿势就更重要一点，上吊索的间隔时间还会稍微长一点）。现在每分钟大约能上 20 个人。

可以把所有人划分为 4 种：往上升的，往下滑的，排队等候的，以及在温暖的小屋里休息的。如果待在室内的时间与吊索运行毫无关系，我们可以只分析乘吊索上升的人、下降的人和排队等候的人。如果上吊索的速度是每分钟 20 个，那么山顶上下吊索的速度也是一样的。如果人们滑雪下山的速度并不受到他们上山速度的影响，吊索的速度就不会影响正在滑雪的人数。从固定总数中减去这个不变的数量不改变另外两种人的人数。但是当吊索速度要加快时，在吊索上的椅子数就应该减少；人们上吊索的速度没变，但是在吊索上停留的时间会更短。（吊索上的椅子与椅子之间离得更远了。）如果下山过程中的人数没有变化，而上山过程中的人数变少了，那么就有更多的人在第三个阶段，那就是在等候的队伍中。所以提高吊索的速度并不会减少等待时间，它减少的仅仅是坐在吊索椅子上的时间。

如果我们上班时遇到连续的交通拥堵，我们也会有同样的经历。 *68*
当我们的平均时速只有 5 英里，在冲出重围之前总是在不停地起步停车，我们总希望有人能拓宽一点马路，或者减少左转弯道，或者修理一下路面，使交通速度快一些。令人高兴的是一天早上马路确实拓宽了，我们开车出去都不需要减速——但是在下一个较窄的地方又排起了队。我们前面的人也是这样。这个队比平时长了两倍，他们所做的只是拓宽了一个狭窄路段，结果却使人流车流集中在了下一个狭窄路段。

我们在这里讲的是“守恒数量”问题。在物理学和化学中有“守恒定理”，比如能量守恒、物质守恒或动力守恒。如果你将一个网球场向天空发射，那么它的重力中心轨迹将不受到场内比赛的影响。内部运动力会相互抵消。这些守恒原理在物理学中的作用等于会计系统在经济学中的作用。会计系统是一个复式记账系统。赌博时，也存在“资产守恒”定理，即从整体上来说总资金并没有增加或减少。对于周末的体育比赛的博彩，赢的钱等于输的钱。也就是说，如果我们像物理学家和化学家那样仔细地了解比赛中所有的例外或“漏损率”，并且将它们记录下来，我们就会发现这样的情况。如果在赌博过程中有一部分赌资交了场地费，我们应该把这部分钱计为赌博者的“成本”，而不是“输掉的钱”。如果政府对赌博征税，我们必须将政府看成是“赢家”，或者我们应该将“输家”输的一部分钱看成税收支付。同样，机械系统中的能量守恒也应该允许磨损所造成的损失存在，因为磨损以一个固定交换率产生的热当量正好等于机械能量消失的那一部分，因此能量最终是平衡的。

我们的滑雪吊索也是一个“守恒系统”。有从停车场新来的人，也有在关门之前离开的人。但是如果我们允许有迟到和早退的人，允许存在一些吃午饭的人和上厕所的人，那么我们就把所有人都计算在
69 了这个记账系统中。我们所定义的吊索线上循环的三个阶段——吊索上升阶段、滑雪下山阶段和排队等候阶段——是一个半封闭的系统。“半封闭”的意思是，对于我们要跟踪的事物，其收益和损失只发生在一些有限的进出点上，如果我们愿意的话，我们可以计算这些点数。（基本上所有事情都可以看成一个半封闭系统，即使是一个繁忙的十字路口，但是以这种方法分析某件事情是否有意义，取决于更新率是否足够快，以使得无法将它作为一个几乎是全封闭的系统来处理。）

移民也是一个半封闭系统。任何一个城市或州都可以减少享受社会福利的人数或者清除那些将依赖社会福利的人，或者引导他们离开当地。但是除非人们死亡，或者离开这个国家，各个州或各个城市在总体上无法同时减少它们的福利开支，除非是失业的移民在城市之间流动，或者有些去了农村。十年前一本有关城市政策的畅销书建议一个城市只要不去修建低收入住房，就可以提高它的平均收入。如果住房很差，低收入的人就会离开，而不是移居过来。这一建议对于任何一个城市来说都是可行的。但是对一个城市有效的政策对另一个城市可能是无效的，除非差房子能在一定程度上减少城市贫困人口的人数，否则所有城市不可能都实现这一政策。（这种情况有可能发生——也有可能不发生——但是这与这个建议无关。）

许多人口在半封闭系统中流动，而有些却表现出特殊的流动模式。在旧金山海湾桥上，每天都有很多人来来往往，他们早上涌向一个方向，下午则涌向另一个方向。冬天新罕布什尔州 93 号州际公路上一到周末总是挤满了汽车，先涌向北边，后涌向南边。人们在一天中不同的时间里涌向北边，但是他们都在周日晚上相同的时间涌向南

边。在公路收费站前排起的队伍足足要走 30 分钟。在旧金山桥上他
们可能会对一个方向的车收取双倍费用，而对另一个方向的车不收
费；几乎所有人支付的费用都是一样的，所有的司机都节约了时间。
对于不常过桥的人，如从西雅图到洛杉矶要掏双倍费用，而从洛杉矶
到西雅图则要少付 25 美分就可以通过，同时减少了收费成本。新罕
布什尔高速公路上没有用到这个方法，而新罕布什尔的滑雪场很早就
用到了！如果你能够使他们掏钱上山的话，那么你根本无需在他们下 70
山时再收一次费。如果在 93 号高速公路上也遵循守恒原理对行人实
施这种收费方式，人们应该能够理解。这样就应对北向人群收双倍费
用，而对南向人群不收费，在这种方式下他们支付的费用其实是一
样的。[3]

其他类似半封闭系统内的“人口”流动的例子还有回收瓶，Avis 汽车，以及 DDT。有人提议每辆新车都要交纳“丢弃税”（disposal tax），用以抵消汽车报废之后的最终成本，正是因为他们认识到了所有生产出来的汽车迟早都会报废，而且只报废一次。

漏损和衰退系统

在规划一场网球锦标赛的后勤工作时，如果参赛选手人数是 2 的倍数，比如 32，或 128，后勤工作就会轻松一些。每场比赛需要一罐球，并且很容易计算出来需要进行几场比赛。如果第一轮有 128 个选手，则会有 64 场比赛，第二轮减半，依此类推，直到最后一轮比赛。但是假设有 129 个选手报名参加。第一轮中就有一个人轮空，他可以参加第二轮，这样第三轮就又有一个选手轮空，那么我们需要多少罐球呢?

我们不需要做这个数学题，因为有人已经观察出来，每场比赛淘汰一个选手，直到最后一个选手无法再被淘汰，比赛就结束了。如果

有 129 个参赛者，那么必须 128 个人各输球一场。因为没有两个选手会输掉同一场球，所以需要 128 场比赛来淘汰 128 个人。我们需要 128 罐球。如果不是 129 个人，而是 128 个人参加比赛，我们需要计
71 算 64+32+16+8+…，想一想我们要得到最终答案有多么容易。如果问题更难一点，我们就会想办法找到一个公式来代替上述计算方法。

当一个人买了一个 195 美元的热水器时，我们也可以以同样的方法计算出由此所带来的收益。我们可以估计一下需要开采多少铁矿，并将其炼成钢；将煤炭用铁路运送到炼钢厂，并将钢运送到金属加工厂需要生产多少石油来提供所需要的能量；给热水器外壳喷漆的喷漆设备上的尼龙喷嘴需要用多少石油化工品，批发商和零售商的加价分别是多少，生产玻璃板的工厂的工人工资率和生产率是多少，所有工厂支付的利息和房地产税是多少。如果我们想要知道销售一台热水器所产生的收入增量体现在哪些地方，由谁获得，我们需要知道所有这一切。但是如果我们仅仅想知道收入到底增加了多少，我们只需要像上述关于网球比赛的例子那样处理。根据少许条件的限制，这次购买支出所引起的收入增量应该是 195 美元。

第一个收到这 195 美元的人留下一些，剩下的依次分配下去了。我们不去考虑他是否按工资、利息、税收、租金或热水器批发商的购买价格等进行分配，他无法留作收入部分的钱就是“花费”。每一笔“花费”的一部分都作为某些人的收入，而其余部分则以“花费”的形式支出出去。同样，他可能将剩下的收入作为税收、工资、利息、送货费、原材料成本或其他可能的支出传递给其他人。他无法留作收入的部分也分配下去了。下一个阶段也有人将一部分作为收入而剩下的继续分配下去。依此类推，如果我们一直追踪这个过程，直到这笔支出最后分配完，除非我们没有追踪完全，否则这些数额加起来不会多于 195 美元。

如果有人在交易中遭受了损失，那实际上是他增加了开销，其花费超过了他的收入。如果我们将这种情况看作负收入，那么总量仍然

是一个“数量守恒”。有人可能使用了手头上的一罐油漆而没有付费，
但是他在开销上的节省并不形成“收入”，因为他使用的资产是有价 72
值的。我们可以用另一种方法进行计算：我们可以计算他购买一罐油漆时所产生的收入，或者，我们也可以计算他再去装满油漆的时候所产生的收入，或者，我们还可以用一个相关的概念“负投资”来抵消这 195 美元的投资，其形式就是存货（油漆）的清仓形式。甚至在网球比赛中我们也可以允许人们自己带网球来。

下面这个问题中也涉及一个相似的原理：如果每对夫妻生男孩和女孩的可能性都是 50%，而每对夫妻都只想要男孩，并且生了男孩之后就不再生了，那么男孩和女孩的比例将会是多少呢？一半人头胎生了男孩，他们就不再生了，而生了女孩的夫妻还会接着生，并希望生育一个男孩。这种情况将会如何改变人口中男孩与女孩之间最终的比例呢？（有时候人们认为这种行为动机可以解释为什么在一定人口中男孩比女孩总是略微多一点，尤其是那些残害女婴的地方必然会出现这样的结果。）

只要稍稍思考一下就知道，任何这样的“停止规则”根本不会影响男女的最终比例，比如头胎生了男孩就停止下来。在第一轮中，一半婴儿是男孩；在第二轮中，只有一半的家庭还会生孩子，但是仍然是一半男孩；又生了女孩的家庭还会接着生第三胎，而且由于 50∶50 的假设，还是一半男孩一半女孩。如果每一轮中都是一半男孩一半女孩——无论生育什么时候停下来——那么最终的比例也必定是一半男孩一半女孩。（毋庸置疑，我们不用计算就知道有多少孩子。最终，每个家庭都有一个男孩，女孩的数量等于男孩的数量，并且，平均每个家庭都有两个孩子。）

遗传学中也有一些相似的原理。如果一个退化的基因与相同的基因配对对早期生命会产生致命的后果，而对有关最终繁殖的问题没有影响，那么在一个稳定的人口中，人口总数中不因这种基因而死亡的
人数，必须正好等于这种基因数目的一半。这一要求与基因在结婚的 73

人当中如何分布没有关系。如果人口是持续增长的，那么，相应地，论断也会更复杂。

模式和结构

我们已经给出了足够的例子来说明，即使社会科学所处理的诸多数量关系问题中的这种模式和结构不是遍地可见，但是也非常频繁。这些模式和结构使变量遵循一定的原理，减少了相关行为的“自由度”，限制了一些数学上的可能安排和结果，并使那些乍看上去似乎相互之间没有关联而实际上有关联的事件、活动或任务之间的等式成立。

对所有这些封闭体系、守恒数量、配对事件、反向流动、会计报表和跃迁矩阵、建立在对称和双向基础上或仅仅从交易定义衍生出来的定理，构思一个逻辑体系或详尽的分类方法应该是很有益的。但是我不知道，也不确定要做这样的工作时应该如何对它们进行界定。

关心气候和能源的人必须要确定这样一个原理，即在一个封闭系统内，存在于大气、海洋、新鲜的和腐烂的蔬菜，以及还没有燃烧的燃料中的二氧化碳是一个近似确定的数量（一些二氧化碳产生于火山爆发，而另一些则进入了岩石）；因为蔬菜的腐烂、燃烧和新陈代谢所产生的二氧化碳可能在新鲜蔬菜中再循环，而燃烧石油和煤炭产生的二氧化碳是大气中二氧化碳的净增加量，除非有一些在海洋中溶解了，或者进入蔬菜的总量中了。大气中的二氧化碳影响了地球太阳能
74 系统的平衡。无论你把二氧化碳看成化学的、地质学的还是气候学的研究范畴，它都是一个对我们的环境非常重要的部分，并且它也遵循我们在其他情况下所看到的守恒定理：我们不能说把水银倒进河流水银就消失了，也不能说把老年人移居到其他州他们就不存在了，更不

能说我们把收到的残币快速地花出去残币就没有了。

“二氧化碳预算”与另一个守恒系统“能量预算”是相交叉的，根据后者，到达地球的太阳能要么被地球反射回太空，要么通过光合作用以其他的化学形式保留在蔬菜中，要么被水蒸气吸收，或者融化在冰雪中，或使大气、海洋、地球表层升温。即使在西南部的沙漠中，太阳能被“收集”起来并转变成了电力，用来给东部的电动汽车的电池充电，最终也会被释放回大气中，就像储存在稻谷中的能量一样；风车不仅产生电力，还减慢了风速，把一种储藏的能源转换成另一种能源。

由于所有的水都存在于海洋、湖泊、河流、溪流、冰层、雪层、云、湿气、雨水、植物中的水汽、湿润的土地、地下水层、动物体内，或者在能够氧化后形成水的碳氢化合物中（以及一些游离氢中）循环，所以地球上的“水预算”也是交叉能源预算。

非社会科学家的世界中充满了诸多这种封闭的循环系统、均等行为和反应、增长率和衰亡率数值，以及与其他指标具有此消彼长关系的指标，以至于直到这个理论体系找到了一些恒定性的基础，才不再受到经常的怀疑。受过训练的统计学家通常知道如何发现隐藏在某些变化之下的恒定规律。物流公司需要安排货车、航线和校车的时间表，它们也经常与这种半封闭系统打交道——有些巴士或飞机因故正在维修，有些新的还没有送过来，如果有些交通工具还没有被其他人 75
租走或滞留在偏远的地方，就可以加以租借。

正如我所提到的那样，经济学建立在以下研究对象的基础之上，即：复式记账和四重记录的处理方法，投入产出矩阵中价值的双向流动，其他指标的增长率（就像建筑行业与房地产股票之间的关系或商业贷款与货币供给之间的关系一样），以及可以相互替换并且正负影响相互抵消的赌债数量、公司债务和债券，甚至还包括一个无论购买者和销售者能力及意愿如何，购买数量（经过适当定义的数量）与销售数量完全相等的简单“市场”。

在物理学中，这些相等关系和恒定关系有时被称为规律和原理。（当然，当人们发现热能可以以一个固定的转换比率转换成为机械能，并能通过摩擦以同样的比率反向转换成为热能时，这个命题也就会得到后人的修正和补充。）在经济学和其他社会科学中，这个关系有一个更朴素的名字："市场均衡等式"、"会计等式"，有时候也被称为"社会计量式"。人口统计学是社会科学中与经济学最接近的一门学科，它们建立的基础都是成对出现的交易、转换、持久指标和事件，双边关系或对称关系，以及一些在数量不多的进入、退出和转移点上进入、退出或改变系统的可数或可度量的事物。经济学和人口统计学处理的是可数事物，这些事物保持着自己的特性，并具有可数的数量，具有类似于结婚和离婚、销售和购买这样的行为，是离散的、定义明确的，通常还是对称的，有时也是可逆的。在其他的社会科学中，一般很少有建立框架的传统，在这些框架和一定数量约束下，人口循环和市场交易发生。

76 由于这些数量模式和结构缺乏一个逻辑体系或一个详尽的细分，我最多只能尝试性地给出有关这些限制性结构的某些可能的表现方式。

第一，许多现象都是成对出现的。这是因为交易通常都发生在两个参与者之间，而有时候是因为行为具有双面性或相互性。有一个借方就一定有一个贷方，有一个租户就一定有一个房东，有一个发信人就一定有一个收信人，销售者对应着购买者，支付对应着收款，生产性行为对应着收入的获得，盗窃对应着犯罪。这些成对出现的现象的两个方面本身并没有什么，但是如果它们都定义明确并且可数，尤其是如果它们出现的原因互不相同，那么它们之间不仅仅服从我们前面已经讨论过的等价关系，有时也会服从于我们无法预测的关系。

第二，某些群体和某些可度量的数量在一个封闭系统中遵循"守恒原理"。金钱从一个人手中到另外一个人手中，从买者手中到卖者手中，从贷款人手中到借款人手中，金钱本身没有受到破坏；人们从一个城市移居到另外一个城市，但是他们并没有消失；当热能进入到烟囱里，它不会就此从更大的系统中消失；当含有 DDT 的动物被其他动物吃掉后，DDT 并不会从生态系统中消失；而我们把垃圾倒到别人的院子里，垃圾也并不是就此不存在了。

第三，一些可度量的指标和可数人口通过“半封闭”系统来转移或者在这些“半封闭”系统中转移。最简单的例子就是关于“高速路收费处”的例子。在这个收费口前排队的人数等于累计到达收费口的人数减去已经通过收费口的人数，而已经通过的人数等于所有累计到达收费口的人数减去正在排队的人数。稍微复杂一点的是交通拥堵问题，所有人所有事物都流向一个方向，人群拥挤在路碑之间，或者道路收费处排起长龙。其他的例子还有：(1) 所有人都要离开所念的小学，或者有些人离开被征召的军队，有些人则进入，停留一段后再离 77
开。(2) 交互系统，比如通勤往返需要路过的桥梁和隧道，或者像我们的滑雪吊索那样的循环系统。(3) 类似于人口年龄特征的系统，或等级系统中的阶层特征，人们进入这个系统之后仅向一个方向变化，沿着死亡或退休的路径退出系统。(4) 更复杂的系统，比如刑事司法系统，罪犯要么在蹲监狱，要么在法庭上，或在假释中，或处以缓刑，或被人保释，或正在拘留，或者正在第二次或第三次作案。在这个系统中不是所有罪犯都沿着相同的路径在活动，不管存不存在一个“循环”，有人还会故态复萌，重复系统中的某些环节。(5) 流动不受方向限制的自由移民系统，但是所有人口流动都在有有限的几个进出口的边界上进行。(这些系统总的形式将被称为“转换矩阵”。)

第四，有一些活动和关系包含着互补的群体集合，两种性别之间的关系就是一个例子：一夫一妻制遵循“单一匹配”规则，而兄弟姐妹关系则遵循多重匹配的规则；男性和女性在婚龄、死亡和离婚的同步变化之间遵循阶段性的关系；白人和非白人群体之间，或人们与他们居住的房屋之间，或人们与他们拥有的汽车之间则遵循联合分布。

第五，某些变量独立地看是有趣的，但是一方的变化率恰好是另一方的“出生率”、“死亡率”或“净增长率”。对某些传染性疾病具有免疫力的人口的增加量等于患这种疾病的人数减去当前死于这种疾病的人数，正如车龄为一年或小于一年的新车的数量等于所有车辆每年增加的总数量一样。

第六，行为系统中的独立变量通常都是系统中非独立变量数目的总和。我是否驾车出行的决定可能取决于目前的交通状况如何；我如
78 何投票的决定可能取决于我对谁是多数派的预测；我囤积稀缺商品的决定可能取决于这种商品在市场上的销售程度；我是否去海滩，或者是否待在那里的决定可能取决于海滩上的人口密度；甚至我向联邦基金（United Fund）捐款的多少也可能取决于其他人捐款的数量。但是不管是交通密度，还是海滩上的人口密度、咖啡的稀缺程度、联邦基金的总捐款数量，以及多数派得票结果，都是我们共同决定的，我可能知道，也可能不知道。我是你的问题的一部分，而你也正是我的问题的一部分，我对环境的考虑正是环境的一部分，或者说我根据一定数量或数字做出的反应正是众多像我一样进行决策的人的反应的和。但是如果我们研究一下到底是什么决定了人们的行为，比如在拥挤的路上开车，追赶时尚潮流，离开正在变坏的社区，或者快速赶到滑雪地点以排在人群前面，我们发现人们实际上都是在对一个整体做出反应，而这个整体正是由他们自己组成的。

第七，也是与上述内容紧密相连的，即什么是行为平均数或其他有关行为的统计结果的独立变量。这样的例子有许多，例如给学生评分略低于平均水平，或者给侍者的小费略高于平均水平，比预订时间早到一点以便于找到停车的地方，或者比预订时间晚到一点以免于浪费时间等待其他人到达，或者某人参加一个可能获得第二名的四人网球对抗赛，等等。

第八，有时两个不同的变量有一个共同的组成部分。特定人口中的已婚男士和女士是我们谈到的最早的例子，此外还有在经济核算中，企业对企业的销售等于企业对企业的购买，因此总销售和总购买之间的差额就是销售给最终用户的产品和服务与直接支付给个人、政

府和其他非企业供应者之间的差额。 *79*

第九，“详尽细分”在此值得一提。如果每一例死亡都有一个直接的原因，那么只要其他死因的致死率总体没有增加，某一个死因的致死率就不会下降。

对于杜松子酒和苦艾酒，把一勺杜松子酒倒入苦艾酒中，再把掺了杜松子酒的苦艾酒舀出一勺倒入杜松子酒中。我们无法知道这两杯混合物的具体成分到底是什么，但是这并没有关系。无论倒回来的那一勺酒中苦艾酒占多少比例，这一勺里除了苦艾酒剩下的就是杜松子酒，因此，在苦艾酒中剩下的杜松子酒与倒入杜松子酒中的苦艾酒是一样多的。（同样地，如果我们载一车男生去一个女子学校，然后载一车学生回来，那么回程车上女生人数必然等于走了的男生数量。）

对于划船去寻找丢失的瓶子的例子来说，河流与湖泊没有任何差别；河流的流动速度对于瓶子和船都是一样的，因此它们相互抵消了。我们没必要知道划船人划船的速度是多少。如果他丢失瓶子之后划了半个钟头才发现，那么如果以同样的速度划船，他就需要花半个钟头才能找到瓶子。如果河流速度是每小时两英里，那么瓶子一定漂了两英里。

在第三个问题中你必须把一块瓷砖切开。为了说明这个问题，试图把一个 16 乘以 16 的区域想象成为一个棋盘，上面分布着 256 个 1 平方英尺的小区域。将每行每列都标上从 1 到 16 的数字，在每一个方块都写上相应的行和列的和。在同一行或同一列中，相邻方块的数字之间仅仅相差 1，因此，所有这些方块里的数字都有一半是奇数一半是偶数，并且任何两个相邻方块中的数字都有一个是奇数一个是偶数。每一块瓷砖都覆盖一个奇数方块和一个偶数方块。所有瓷砖覆盖的奇数和偶数是相等的。但是右上角（即东北角）的那个方块是奇数：1＋16＝17，而西南角（即左下角）的那个方块也是奇数：16＋1＝17。因此我们应该铺 128 个偶数方块，126 个奇数方块。如果我们做一个交替的安排，将 256 个 1 平方英尺的方块像棋盘一样刷上颜色，从左

上角开始刷白色，东北角的那个方块是黑色，西南角的那个方块也是
80 黑色；每块瓷砖都覆盖一个白色和一个黑色的方块。这样，当我们试图使白色瓷砖数量和黑色瓷砖一样多时，我们必须铺 128 个白色方块和 126 个黑色方块。与某些社会科学的研究一样，如果我们把这 256 个方块换成观众席中的 256 个座位，左后和右前的座位分配给引座员，每一排从左向右使不同性别的人交叉相邻而坐，每一列从前往后也使不同性别的人交叉相邻而坐。读者可以自己计算一下，我们是否能邀请 127 对已婚夫妻来观看演出呢？

【注释】

[1] 这不太符合实际。在美国每年出生的男孩人数多于女孩，比例为 1.05∶1；年轻男性夭折的比女性多，到 25 岁时，男女之间相差不到 3 个百分点。因此，实际的情况比上文中所说的要略微复杂一些。

[2] 人口增长的动态学有一个有趣的而且乍看起来令人感到迷惑的统计事实。根据当前美国的死亡率，25%的人死时不到 65 岁，死亡者中超过 1/3 的人不到 65 岁。这个差别来自于人口增长。假设 25%的人 50 岁就死了，75%的人 75 岁才死，出生率每年增长 2%。75 年前每出生 100 个人，就有 75 人于今年死去，相对于 75 年前每出生 100 个人，50 年前出生了 $100\times(1.02)^{25}$ 即 164 个人，他们之中的 25%，即 41 个人于今年死去。

[3] 希望人们不要把这个事例与另一个混淆：如果连续的十字路口的交通灯同时变化，使从东到西的速度达到每小时 35 英里，那么从西向东是否也是每小时 35 英里？

第3章

自动调温器、次品以及其他类似模型集合

家庭自动调温器是一个具有教育意义 83
的仪器，它是一个加热系统的智能中枢，通过对室温的反应来控制室内温度。这个加热系统，包括自动调温器在内，是许多行为系统——如人、蔬菜和机械等的一个代表性模型。之所以称之为代表性“模型”，是因为它以一种清晰的方式再现了诸多其他行为系统的本质特征。

加热器将水加热，但加热水需要一定的时间；热水在散热器中循环，将空气加热，加热房间也需要时间。自动调温器温度升高后，使一金属闸片膨胀，从而切断

加热器的电源开关，使加热器关闭。自动调温器温度降低则使金属闸片打开加热器的电源开关。室外的温度大小、风力大小和绝缘程度如何，都决定了建筑物的热能损失水平，并进一步决定了暖气管通过产生热空气流动来控制金属闸片的速度。

如果系统能够完成达到理想温度的任务，它就会产生一个循环过程。早上的温度升高到自动调温器设定的理想水平——并将超过这个水平，每天早上总会这样。然后温度会降低到设定水平——并低于这个水平，室内温度将永远不可能一直停留在我们所设定的理想水平上。

当清早室内温度首次达到最高时，人们可能会试图降低调温器所设定的温度。降低设定温度会产生两个后果：一个是使温度降到比原来设定的低的理想水平；另一个是与前一个相矛盾的，即：如果室内温度过低，自动调温器会重新设定温度，此后所达到的高温将比没有经过调整时所达到的高温超出理想温度更多。

84 自动调温器是智能设备，但是它还不能称为完全智能。或许你可以花更大价钱买到一个更智能的调温器，它甚至可以超前思考。比如，如果你把这种调温器温度设定在 70℉，而此时的温度是 68℉，加热器就会在 68℉时自动关闭，但是如果温度超过了 72℉，加热器却不会自动关闭。这种调温器不仅会对温度作出反应，而且还会对温度变化的方向作出反应。

这种系统是由各种循环过程所组成的模型。这些过程产生了温度的交错上下。其中就会产生一个上升变量超调和一个下降变量低调。温度的超高调节和超低调节实际上都是室温以某种方式不断接近“设定”的温度的某些阶段而已。

自动调温系统非常简单，我们可以观察到超调是如何发生的。调温器的加热设备只有两个状态，要么开，要么关。当加热器开着时，调温器充分工作，直到室内温度达到设定的温度为止。加热器工作时，暖气片中的水温越来越高，直到加热器停止工作时，散热器温度达到最高。毫无疑问，此时室内温度还在继续升高，但是当室温提高时暖气片中的水温却开始下降了，一直到无法再提高室温。室内温度高于设定温度时，加热器关闭，暖气片不断降温，室内空气温度也不断下降，直至回到设定的水平。这时自动调温器的加热系统自动打开，但是在暖气片中的水重新加热之前，室内的温度一直都在下降。这又回到了我们最初的起点上，这个过程会一直重复下去。如果系统“工作顺利”，室温的升降就会非常小，并最终呈现出稳定的波浪形的运动状态，波形振幅的大小取决于系统滞后的时间。

正是时间滞后引起了循环过程。如果加热器是一个开放式的炭盆，没有暖气片，那么一旦达到设定温度后，室内温度就会立刻下降，并且加热器就会像一个信号器一样交替变化，以保持室温的平衡。

更昂贵的调温器与热水系统相连接，则会以一种纯机械的方式对 *85*
室温进行控制。在升温过程中，气温达到 69℉就关闭，而不是 70℉。这样它只超调到 73℉而不是 76℉。同样在 72℉时它就自动开启了，这样在温度刚低于 70℉时暖气片就开始重新加热。这时低调就会小得多。

另外，与一般的家用加热系统相比，这个系统可以设定两个温度：一个高温和一个低温。当室温低于设定温度很多时，它就会开始全力工作，当室温达到 70℉，它就会调节到低温运行状态。这也会在一定程度上限制温度循环，但却无法完全消除这种循环。

现在，让我们来考虑这样一个场景：在一艘航行的客轮上，人们都簇拥在甲板右舷梯的栏杆边上观看海豚。轮船负荷失衡已经到了很危险的程度，并且开始出现向右舷梯倾斜。当右舷梯栏杆快沉没时，人们争相爬上倾斜的甲板，希望远离危险，也可能是认为这样能使轮船平衡。有些人爬到了舷窗口，这时轮船略微平衡了一些；随着倾斜程度越来越小，越来越多的人都可以爬上甲板了。最后，船调整到接近平衡的状态，他们都穿过中心线，放心地看着轮船继续寻找平衡，甲板越来越接近平衡。但是好景不长，因为一旦轮船达到平衡，就有两个因素在破坏着这一平衡：第一，所有的乘客都在甲板一边，使轮船向这边倾斜；第二，即使船上的乘客能马上在甲板上自动进行平衡分配，轮船本身的运动冲量仍然会使它向另一边倾斜。一分钟前在右舷梯边发生的一幕，此刻在左边再次上演，乘客们会再一次纷纷跑向舷梯更“安全”的一边。

我的一个朋友曾经负责过一个贫穷国家的婴儿麻疹疫苗接种项目。一开始这个项目进行得挺顺利；当地的麻疹疾病非常严重，母亲们都不顾路途遥远，带着孩子来注射疫苗。很快，多数婴儿都注射了
86 疫苗，未接种疫苗的婴儿数量很少，不会形成流行性疾病了。在这之后的一年多时间里那个地区都没有麻疹。因此，在这段时间内这个地区的新生婴儿中又有许多没有接种疫苗，而且数量多到足以使疾病蔓延的程度。在这次流行性麻疹中，有的孩子死了，有的则具有免疫能力，母亲们都吓坏了，再次纷纷带着孩子们来接种疫苗。一年之后这场疾病又逐渐被人们淡忘了，母亲们也不再带着孩子们来接种疫苗了；再过一年之后，又一群未接种疫苗的婴儿再次带来新一轮疾病的流行。

在这场麻疹流行的循环中，疾病发生的高涨和下降所产生的原因是不同的。疾病发生率的下降与母亲们对于流行疾病后果的反应时间相关；疾病发生率上升则是由于麻疹对于一个新人群的病学反应时间所产生的。有的循环持续几个月，而有的则能持续数年，循环模式并不是波浪式的连续运动，而更像一连串离散的独立的波浪起伏。在富裕国家中，无论是小儿麻痹症，还是天花（没有被完全消灭的情况下），都呈现出与那个穷国的麻疹流行一样的模式。

超调现象在个人层面也很常见。小孩子爱吃巧克力，而父母们则爱喝酒，一直到喝多。然而通常当人们在发觉到已经吃饱时，往往已经吃得太多了。胃里的酒，就好像暖气片中的热水，尽管存在于系统之中，却还没有被调控器发觉到。一个人吃了巧克力，五分钟之后他仍然可以感觉到巧克力的味道，只是味道已经没有那么浓了而已。

大量的社会现象都表现出循环行为的特征，或者是轻微的波动，或者是剧烈的起伏。自动调温器的例子提醒我们要去寻找反应中的时间滞后，或者寻找像热水这样的累积存量。苏联人造卫星上天对美国拉响了警报，使之感受到科学家和工程师人才的缺乏，于是美国资助了许多旨在培养科学家和工程师的项目。因为使年轻人投身科学研究和工程研究的事业，并培养他们接受大学教育及更高程度的教育需要时间，所以这个过程缓慢。这个“人才培养方案”在高中阶段就开始了，六年之后才可能在年轻人的职业生涯中初步体现出效果。除非系 87
统有一种前面所谈到的昂贵的自动调控器，在可观察到的系统缺陷完全消失之前就自动中止或减少了项目计划，对新科学家和工程师这种产品的制造（而不是数量）将可能达到一个高峰，直到自动调控器叫“停”。就好像暖气片中的热水一样，这个系统会产生出科学家和工程师六年的供给，我们可以猜想到这六年里累积起来的剩余供给将会打击和阻碍一代年轻人成为科学家和工程师的信念。当几年后这个供给数量最终回复到平常水平时，科学家队伍的后备人才力量已经到了非常低的水平，这样又会导致接下来至少六年更糟糕的供给短缺，然后又开始好转。这个循环会不断地重复下去。

社会科学中的模型

周期性行为是诸多社会行为中的一种，它对于我们建立一系列相似模型很有帮助。我所说的“模型”指的是以下两种情况之一：一种模型是指对引起某些现象的一系列关系所作出的精确而简约的说明；另一种模型则是一种实际的、生物学上的、机械的或社会的体系，它以一种特别清晰的方式使一系列关系具体化，使某些现象作为这些关系的必然结果明显地表现出来。“模型”的这两种含义并非完全不同。加热系统之所以可以成为一个有用的模型，是因为我们能对它进行简明扼要的描述，并几乎能直接将它转化成数学形式。每个人在考虑这个问题时，头脑里可能都会出现特定的房间、暖气片，等等。但是房屋的形状、位置，房间和窗户的排列，以及加热器用的燃料、房屋所在地的真实气候等因素都不进入模型。我们可以不必统一各自头脑中的房屋情况，而只在模型上达成一致。

88 自动调温器的加热设备只有两种状态：开或者关。当加热设备处于关闭状态时，水温是一个逐渐趋近室温的变量；当加热设备处于开启状态时，水温是一个逐渐升高的变量；当水温较低时，室温是一个逐渐趋近室外温度的变量；当水温较高时，室温根据室外温度的高低逐渐接近这个较高的上限值。自动调温器本身不过是一个行为控制器，当室温低于某一特定水平时就会开启加热器，当室温高于某一特定水平时就会关闭加热器。

通过将室外温度处理成另一个变量，我们可以对这个模型进行扩展；由于建筑物的热能损耗是与室内外温度差成比例的，而暖气片的热能损耗也是与水温和室温之差成比例的，因此我们可以将水温变化的临界水平与室外温度联系起来。如果我们用一般形式的代数变量 x，y，z，而不是“水温”、“室温”、“加热器开启”、“加热器关闭”这样的变量来处理这一过程，我们可以得到一个抽象的数学系统。这也就是说，我们可以用数学符号来精确说明加热系统的某些特征，只用这些特征所建立的模型，可以解释我们所研究的周期性行为的特征。

更重要的是，我们得到了一个不局限于加热系统的一般性的数学公式。变量 x 的上升和下降取决于变量 y 的水平，而变量 y 的上升和下降则取决于另一个变量 z 是处于“开启”还是“关闭”的状态（而 z 变量的“开启”和“关闭”状态取决于 x 变量是高于还是低于某一特定的目标水平），在这个系统中的变量模拟了加热系统的行为。加热系统是这种行为关系系统的一个“代表”，能够用这个模型进行描述的其他任何行为系统都遵循该模型所描述的行为特征。

当然，这个模型是否对我们的研究有所帮助，要看是否存在其他一些有意义的事件能够由这个模型来描述，以及这个模型是否是我们 89
所需要的，也就是说，模型是否能启发我们认识某些现象以及产生这些现象的机制，以及是否能启发我们去寻找诸多有趣现象的解释。如果模型过于简单，那么它可能只能解释一些非常简单的问题，而处理这些简单的问题可能根本不需要模型。如果模型非常复杂，那么它可能过于特殊，只能适用于可以导出它的特殊事件；在这种情况下，这种模型仅仅给出了我们所分析的特定现象的特殊公式而已。模型的有用之处在于，它既要简单到能适用于多种行为现象的分析，同时还要足够复杂，以适合于需要解释性模型来帮助解释的行为。

如果一个模型符合上述简单原则的要求，就像自动调温加热系统一样，它通常不仅能描述物理系统、机械系统，也能描述社会现象、动物和人类行为、家庭活动，甚至也能描述科学原理。“临界质量”就是这样一个例子。对于一个原子反应堆来说，如果核裂变连锁反应能够自动维持下去（self-sustain），那么它就达到了“临界”状态；任意一个原子反应堆或原子弹中，必须有一个最小数值的裂变性物质，以使压缩状态下所产生的系列反应能够持续下去。人类很早就知道，用木头生火就是这样一种现象：点燃一根柴火，让它自动燃烧起来。临界物质原理非常简单，所以它出现在人类流行病史、时尚潮流、物种的生存和灭绝现象、语言系统、种族融合现象，甚至交通违规行为、恐慌性行为以及政治运动等种种社会现象中是不足为奇的。

社会科学中所使用的模型多数都是模型集合而不是单一模型。循环性行为不存在单一模型，也没有任何单一模型能够描述“临界密度”，但存在一些既具有共同本质特征又存在差异性的相关模型的集合。麻疹疫苗接种与自动调温系统两者之间具有某些共同的本质特
征，但是在一些重要方面又存在差异。未接种疫苗情况下的麻疹流行 90
病模型尽管存在不同之处，但是也被认为是这个模型集合中的一部分。比如，有些模型可以用来描述服装样式以及婴儿起名的循环性潮流，

有些可以用来描述寄生虫和宿主的循环性互动关系，而有些则可以用来描述造船工业的经济周期，这些模型尽管有所区别，但是大同小异。

临界物质密度具有同样的特性。模型是一种工具，只有当它是灵活的或具有我们所需要的适当因素时才是有用的。就好比说尽管扳手是一种用途广泛的工具，但是一个只能拧 3.75 英寸的六角螺母的单柄扳手，无法为我们解开所有的谜题。

本章的内容主要是一些在社会科学中运用得比较广泛的模型集合。许多模型在动物生态学、流行病学或物理学中都能找到与其相对应的规律。这些模型并不是完整的理论，仅仅是用来描述循环行为模式的模型，通过与模型集合中的常见模型对比，人们能够更好地认识这些循环行为模式。一个具有普遍意义的模型有助于人们进行沟通交流，尤其是在这个模型有名称时。

据我所知，对这些常见模型并没有一个标准性的集合。有些模型是经济学家最为熟悉的，有些是社会学家最为熟悉的，有些模型为流行病学家所熟悉，有些为工程技师所熟悉。研究种族隔离的学生可能不知道，动物生态学中所用的模型与他们所用的模型非常相似；有些模型被应用到经济学中，而一些类似的模型则被应用于人口统计学中。模型之间的相似性加深了人们对于模型的理解，提高了模型使用的效用，使人们认识到除了自己的研究领域之外，这些模型还另有用武之地。一旦人们认识到一个模型或一组模型具有广泛的应用性，就有助于他们认识到他们所研究的问题是一个普遍的或一般的现象，而不是什么奇特的或怪异的或独一无二的现象。

本章并非要对那些经常使用的模型集合进行权威性的罗列，本章的目的是为了说明在不同研究领域和不同的问题领域中有一些共同的模型集合，并启发人们，使人们认识到，这些模型集合不仅仅是有用的工具。人们对适用这些模型来解释的现象的多样性越熟悉，这些模型对他们就
91 越有价值；学习社会科学的学生必须关注模型发生时的情况，任何时候，只要发现了新的模型，就应该将其加入到他已有的知识储存库中。

模型之间通常也会相互重叠。麻疹病流行模型通常是一个临界密度过程[1]，流行性麻疹病的持续爆发对应着一个循环模型，其中间或出现流行病易感（susceptible）人群自我调整的间断过程。在流行病中同样可以发现第 2 章中所提到的加速原理：当前的感染率——即当前确诊的麻疹病患者人数——是易感人群的递减率，在减去死亡率后，这个比率也是免疫人群的增长率。

第 4 章中会用一个“有界邻里模式”来研究种族的融合与分离，或者进出某个环境的任意两个群体之间的融合与分离问题。在不同的解释方式下，同样的分析框架也可以用来解释两个增加或减少的物种之间的关系。生物学家就是用同样的模型来研究竞争性物种、相互依赖的物种、肉食动物与它们的猎物之间成长和衰亡、生存与灭绝的关系的。肯尼斯·鲍丁（Kenneth Boulding）就曾经运用这样的生态模型来研究群体冲突。[2]

临界密度、倾斜以及次品

在哈佛大学的教员中存在一个非常普遍的现象，叫做“逐渐没落的研讨会”。最初通常有人组织一个 25 人左右的团体，他们热切地希望能经常聚会，讨论一些大家都感兴趣的问题。这种聚会的时间通常定在人们都有空的时候举行。第一次聚会的出席率很好，能达到 3/4 92
或更高，只有少数人时间上有冲突；到第三次或第四次聚会时，出席率就不会超过一半了；过不了多久，就只有少数人参加了。最后，由于团体聚会的少数几个人的默许，或者组织者的放弃，不再组织新的聚会，这个雄心勃勃的计划也就此搁浅了。

最早加入团体的成员难免会对团体的失败表示遗憾，每个人都感到遗憾，因为其他人认为这种聚会没有多大意义，最终得出的结论总是团体内部不存在共同的兴趣。

但是，共同兴趣看上去似乎一直都在，尽管如此，它还是没落了。如果问起来，几乎所有人都宣称，如果别人都对研讨会给予了足够重视，经常参加讨论会的话，他们也会一直坚持参加讨论会。

我住的房子后面是一片草地，我每年秋天都可以观察到一种有关的社会现象——我个人认为是有关的社会现象，好像是做实验一样。有人建起了一个排球网，召集一群朋友在这里打排球，也吸引了其他人的参与。接下来就会出现两种可能。到第二天或第三天，来打排球的人之间开始相互熟悉，他们就开始讨论什么时候一起打球最合适，此外还有一些旁观者希望加入他们。这项活动是成功的，并且可能成功地维持到下雪的时候。否则，这个集体就会重蹈研讨会的覆辙——人们尽管有兴趣，但是没有足够多的人使他们对这项活动投入足够的忠诚和热情，来维持活动所必需的人数，并减少缺员率。

在一天之内，我可以遇到好几起类似于排球比赛这样的事情。在剑桥最繁华的十字路口，一些行人非常敏捷地在交通灯下穿过车流，而更多的行人则在那里犹豫，他们也想一拥而过，但是如果人数不够多，没人愿意冒险。人们站在那里左顾右盼——他们不是在看路口交通如何，而是在看其他行人！到了一定时候，一些行人认为行人人数已经足够多了，他们可以安全地加入进去，使它扩大，从而让那些仍然在等候观望的行人也会觉得足够安全而加入进来。很快，即使是最
93 胆小的行人也会加入到人群中去，这时司机别无选择，只有停下来等行人通过。但是在人流稀少的十字路口，因为等待观望的行人不多，少数人冒险冲过路口时，通常会回头张望，看看有没有人跟在他们后面；但是过街的行人太少，不足以改变路口的交通，也不足以使后面等待的行人一拥而上，因此，那些冒险的行人往往不得不又退回到路边来。

在最后一节课上，当老师收拾起讲义准备离开的时候，一些学生出于义务、礼貌或者感激，犹犹豫豫地开始鼓掌。这时如果鼓掌的人数足够多，可能会引起全班同学热烈的掌声；如果最初的掌声很少，

也不够坚决，可能就会越来越小，最后会变成难堪的无声。除了最后一节课，平时老师们会发现，在一节课快结束时的最后几分钟，如果继续不停地讲课，学生们就像十字路口的行人一样，开始七倒八歪，有的开始收拾书包，有的甚至试探性地站起来，只等多数人开始离开，他们就会一拥而出。

如果看见别人在践踏草坪，我可能也会从草地上走过；如果看见别人并行停车，我有时也会并行停车。如果每个人都彬彬有礼地排队买票，我也会排队，但是一旦人们都挤向买票的窗口，我也会马上挤过去——尽管我无法挤到第一个，但是至少不想成为最后一个。如果有些人在禁止吸烟的场所抽了烟，可能因为管理人员当时正好有事不在，于是就会有更多的人在此抽烟，禁烟就变得不可能，也没有人对他们进行劝阻，或者即使劝阻也不起作用。还有，我们可以看到报纸上报道说，某些旧居住区的环境正在不断恶化，这是因为那些喜欢保持家居整洁的人都搬走了，而这些人之所以搬走是因为周围的环境越来越差了，由于他们这样的人搬走了，所以环境就更差了……在一些学校里，如果白人学生太少，有些白人学生就会退学；而他们的退学又使得白人学生人数更少了，那些本来并不在意白人学生比率的人也 94
开始在意现有的比率使留下来的白人学生更少了，而他们也可能在明天离开。而在另一些学校里，出于同样的动机，黑人学生也觉得在这个环境里人数太少而有不舒适感，于是会陆续退出。而他们的退出又使留下来的黑人学生人数更少了。

所有这些例子中一个共同的特点就是，人们的特定行为取决于有多少人参与这一特定行为，或者他们参与特定行为的程度如何——多少人参加讨论会，多长时间参加一次；多少人参加排球比赛，多长时间参加一次；多少人在公共场合抽烟，多少人并行停车；多少人鼓掌，掌声多大；多少人搬出逐渐恶化的环境，以及多少人退出学校，等等。

我们把这类行为统称为“临界质量”。社会科学家从与原子弹有关的核物理工程学中借用了这个概念。如果在铀这样的物质中产生了放射性衰变，中子就会被释放出来，并释放到空气中，除非它们在离开铀物质之前撞击到了核子。在前一种情况下，它们形成一些新的中子，并重复前述行为。如果铀块比较小，每个中子都在一个较小的空间里移动，包含的其他原子也少，而从中子的角度来看，因为此空间里的大部分是“虚空”，因此只可能产生少量的引致性行为增量。如果铀块较大，在空间里移动的中子产生两倍或两倍以上中子的可能性就会比较大，而不是直接释放到空中。如果铀块足够大，使半数中子在其中成双倍复制，这个过程就可以自动维持下去，这种情况下的铀块的数量就被称为一个铀的“临界质量”。任何较大的铀块都能使每个中子在其中以至少一倍的速度自我复制，这样就产生了一个链式爆炸反应（就好像在一个封闭的空间里，一包火药的燃烧会引起其他火药的爆炸一样），直到消耗掉所有的铀为止（除非铀块裂开，使连锁反应中断）。

95 如果我们坚持要使用核弹这一类比来处理人群的“聚集”问题，那么我能想起的一个例子就是人的体温问题。一个独自站立的人向空中释放热能，两个人的热能就会相互反射，如果有更多人聚集在一间房子里，那就可以使彼此都觉得暖和。如果你把足够多的人放在一起，即使是在寒冷的冬天，他们也会使他们自己觉得热。

但是即使对于原子弹来说，“质量”也不是严格正确的。铀块的密度、纯度、形状、质量以及它的反射层，共同决定了这个铀块能否处于“临界”状态。此外，铀块的临界质量还与原子数量成比例，而且临界原子数量也同样是一个合适的度量。

对于我们来说，我们可以把临界质量看作是临界数量、临界密度、临界比率，或在某些特殊情况下的诸如身体热量、二氧化碳的产出量等真实物质的总称。所有这些临界质量模型都包含某些活动，一旦某个活动量超出特定的最小值，这种活动就能自动持续进行下去。但是无论这个活动量指的是参加活动的人数，还是人数乘以活动的频率，无论是指活动持续的时间，还是指参与者与未参与者之间的比率，抑或是每平方英尺、每天、每部电话分机上所发生的这种活动的频率，我们都可以将其称为“临界质量”活动，并且许多人都能理解我的意思。特别需要指出的是，我这里所说的“活动”专指在（或不在）某一地点的活动：如果决定留下来的人足够多，那么每个人都可能因此决定留下来，这样总人数就会足够“多”，从而使每个人都留下来；如果留下来的人不够多，就可能每个人都会选择离开。对于黑人和白人、男人和女人、居住在一个小区里讲英语的人和讲法语的人，加入一个学校的黑人与白人，以及参与和不参与某些社会政治活动的人来说，重要的不是他们的人数分别有多少，而是他们之间的比率是多少。

临界性质量模型有很多种。在一种情况下，人们根据参与此项活动的人数的多少来作出他们的决定——比如人们通常倾向于加入大的政党，如果有 20 个人愿意义务劳动，那么自己也愿意，如果参加会议的人足够多，那么人们就不会离开会场，陪审团中对判决投“有罪”的人足够多，人们通常也会认为他确实犯罪了。而在另一些情况下，人数本身并没有多大意义，这个数字所带来的影响才重要——比 96
如，是法不责众才使人们在每个人都并行停车的情况下也并行停车；使人们提高嗓门以使别人听得到所带来的噪音水平；汽车司机给予骑自行车的人的不情愿的照顾，如果足够多的人骑自行车可能会使骑自行车更加安全。有时候，这种关系还包括个体之间联系的紧密程度——如果人们都去传播他们最近听到的流言，并且相关人群达到一定的规模，那么流言在人们之间就能够传播，否则它就会像疾病的流行一样逐渐消亡，而不是大面积传播。

此外，有些行为具有连续性和可逆性——只要有很多人都在天黑后散步回家，你也就会这样做，但是如果散步回家的人并不太多，你也就会放弃走着回去。但是有些行为是不可逆的，比如文身，或者自杀。有些行为是单一行为，比如只要多数人都不是穿得很正式，那么你也可能会选择穿牛仔裤去参加正式会议；有些选择是二元的——比如是靠右超车还是靠左超车；有些选择则是多元的——学哪一种语言能够和尽可能多的外国人交谈。有时就是“是”或者“否”的选择——比如今天是否打领带；而有时则是对于速度、密度和频率的选择——比如决定在沙滩上把你的收音机音量调到多大，才能够盖过其他收音机的声音。

尽管这可能不是物理反应或化学反应，然而在社会反应中，这些都是典型的一个人区别于其他人的“临界数量”例子。只要有足够的人穿得很正式，为使你不显得那么突出，你可能就会穿得正式一些，但是我只有在别人都穿得很正式的时候才会穿正装，以免显得太与众不同了；学校里的异性比同性只要不超过三到四倍，你可能就会进入这个学校，但是我可能不愿意加入一个异性同学人数占多数的学校；如果某个竞选候选人有相当的获胜希望，你可能就会尽力去支持他；只有在你认为别的候选人获胜的机会大于所有其他候选人时，你才会支持他；而我如果不是肯定他几乎一定会获胜，我就不会支持他。

97 因此，这种一般性模型包括了我们所讨论过的所有具备同样临界点条件的情况，以及如果有 10 个人经常参加研讨会，那么我们中的 5 个人也会经常来参加；一旦经常参加研讨会的人数达到了 15 个人，又可能会额外吸引 5 个人来参加，这样增加的总人数就达到了 10 个；如果有 30 个人经常参加，可能就会总共多吸引 30 个人；而如果有 40 个人参加，可能会总共多吸引 50 个人。

因为人们的决策点互不相同，所以引起群体行为改变的数值范围可能也很大。也就是说，从事某项活动的人数即使达到一定数量，也仍然有一小部分人认为这个数量还不够大，尽管其他人都认为这个数量已经大到足以吸引他们参与进来。当有一小部分人认为这个数量还不够而放弃这项活动时，参与人数就会降低，这进而又会导致更多的人退出活动，并且这种情况将一直继续下去，最终会使所有的人都退出活动。在结束时没有人参与这一事实，并没有表明在每一个时间点上缺少多少感觉满意的参与者。

在我们前面提到的“逐渐没落”的研讨会例子中，可能的情况是，不管有多少人在场，总会有两到三个人感到不满意；当这两三个人退出后，人数的减少又使另外两三个人感到不满意，这样就引起了连锁反应。如果在这个过程中有人由于被引诱或被逼迫而没有离开，这可能会使整个情况变得可行，使参加人数固定在某个水平上，这个人数可以多也可以少。但是研讨会“逐渐没落”的过程并没有告诉我们，到底距离使研讨会切实可行的这个点有多远。

这个模型同样可以完美地运用到别的情况上。在这些社会活动中，无论参与某项活动的人有多少，有一部分人总是一定会参与，而另一部分人则一定不会参与。现在让我们来回顾一下一所法学院里考试评级的情况。假设所有学生都可以选择他们的考试评级方式，即一种方式采用“及格”和“不及格”，另一种方式则采用字母分数。通常我们可以看到，无论有多少其他选择，总有一部分人会选择“及格—不及格”这种方式；不管有多少人选择“及格—不及格”这种方式，总有一部分人会选择字母分数这种方式；而剩下的一群中间分子可能就会见机行事，如果选前一种方式的人多他们就选前一种，反之就选后一种。注意，第一部分人和第二部分人的行为方式不受第三部分人的行为影响，但是反过来就不同了；那些自身行为不受他人影响的人，却在影响别人的行为。因此我们不能忽略这两部分人的行为， 98
尽管他们的行为是独立决定的，而只分析显示临界质量的那部分人。如果前两部分独立行为的人的数量比较少，那么可以得出两个结果：如果所有非独立选择的个人都选择了“及格—不及格”的打分方式，那么选择这种方式的人数（包括独立选择此种方式的人数）就是可以自动保持的，如果选择字母打分方式的人数中包括了所有非独立选择的个人，那么选择这种方式的人数也是可以自动保持下去的。

但是这里还有另外一种可能性。那些独立选择了“及格—不及格”打分方式的学生数量可能比较多，足以使一些独立选择的学生也选择这种方式，而他们的选择又会使得更多的人选择这种方式，这样持续下去，直到那些除了无条件地选择字母打分方式的学生外，其他人都选择了这种方式。在这种情况下，就不存在两种能自动维持下去的结果——一种是几乎所有人都选择前一种方式，另一种是几乎所有人都选择后一种方式——而只有一个单一结果。临界质量产生的前提是存在这样一些行为不受他人影响的人，并且连锁反应的发生与否只是一种自动反应。

值得注意的是模型本身并没有告诉我们究竟哪一种结果更好。为了更好地说明问题，我们假设每个人做出的选择都取决于有多少人选择“及格—不及格”评分方式。这里至少有三种可能性。第一，可能大家都认为“及格—不及格”的评分方式更好，但是如果选择这种方式的人不多，他们就会感觉到不安。第二，每个人都认为字母打分方式更好，但是如果多数人都选择“及格—不及格”打分方式，他们也会感觉到不安。第三，有些人可能认为前者好，但是如果选择的人不多他们也就不能肯定自己的看法，而另一些人认为后者更好，同样，如果选择的人不多他们也不能肯定自己的看法。观察到的选择结果可能是每个人都偏好的，也可能是没有人偏好的，或者是一些人赞同而另一些人不赞同的。

因此，最终的结果可能是一致满意的，也可能不是一致满意的。即使结果是大家一致选择的，我们也不能因它是大家选择的而推断这
99 个结果是所有人都满意的。如果每个人都使用夏令时和公制单位，如果每个人都用女士来称呼妇女，用名字来称呼老师，如果每个人过马路时都等待绿灯，那么我也一样会这样做。如果每个人都和我想的一样，那么我们的行为就会不约而同地一致。但是，除非我们在做这些行为时皱眉或微笑，否则别人无法得知我们内心深处的好恶，无法明确得知哪些人喜欢这样，哪些人不喜欢这样，以及我们究竟对所维持的习惯态度如何。

现在有两个特殊的模型可以用来对临界质量现象进行再划分。一个是倾斜模型，一个是次品模型。

次品模型并不仅仅是关于某类特定的独立行为的模型，而且还有一个能够诠释它的名字。这个名字的由来既不是历史沿袭的，也不像“公地”这个概念一样，被人为地规定用来表示某种特殊含义；这个名字也不是从核物理学、生态学或者园艺学等其他学科中借用来的。但是这个名词也并非凭空捏造的，它最早是由一位经济学家引入的，因为“次品市场”所具有的某些特征可以为我们在观察一系列的现象和问题时提供帮助。这位经济学家头脑中的“次品”可不是柠檬*，而是人们驾驶的汽车。[3]

他指出，二手汽车的销售者知道汽车是不是次品，但是购买者却只能估计市场上的平均水平，他们只知道在这个市场上有些汽车是次品，但是并不知道他们正在购买的特定汽车是不是次品。因此，购买者只能根据二手车市场上的平均次品水平出价。购买者所出的这个平均价格对次品来说是高价，但是比市场上高质量的车的价值低。好车车主自然不愿意以这个价格销售他们的汽车，即不想为其他人卖次品车提供条件。于是好车逐渐退出市场，而市场上汽车质量的平均水平 *100*
会逐渐下降。顾客们了解到这个情况之后，再次降低他们愿意支付的价格以反映更多次品这一事实。这样，二手车市场上的汽车平均质量水平会再次被低估，因此车主们更不愿意出售他们的汽车，市场上次品比率继续上升。最后，尽管二手车市场上也存在一些制度性安排，比如质保条款，以及车行根据自己的良好声誉给出的质优车证明等，但是都无法改变这个市场最终走向衰亡的趋势。

阿克洛夫（Akerlof）将这一模型扩展到了众多存在信息不对称的市场上——通常情况下，保险公司掌握的投保人个人信息比投保人自己知道的少，比如，投保人是不是意外事故易发者，投保人是否易于患上遗传性疾病，或者投保人是否有自杀倾向等等。对 65 岁老人的人寿保险制定价格时必须考虑到有很大一部分老人即将辞世了。但

* 英语中“柠檬”与“次品”是同一词。——译者注

是那些知道自身很健康，家族有长寿传统，以及生活平安的老人在购买保险时所支付的保费却和那些具有高风险的人一样，因此，对于他们来说，保费价格不具有吸引力，他们就不愿意购买保险。他们的退出会使保险公司降低对客户的平均寿命预期，这样保险费率会继续上升，这时，这一保险服务即使对于那些具有正常预期寿命的人来说，也不具有什么吸引力。这个过程就这样循环下去。

第 5 章中我们会在把年轻的老年人召集到“老年人之家”的例子中再次发现这个过程。这种情况与以下情形有关或完全重合，低于平均水平的人或事物会退出，而高于平均水平的人或事物根本不加入，最终会使潜在市场或机制解体。因为人们都是千差万别的，而且平均水平起着重要的作用，所以可能并没有真正的可以使某一过程持续存在的临界质量。那些使市场解体或失灵的行为以及不能使这种活动启动的失败尝试看起来很像是临界质量，尽管很像，但是并不完全具备临界质量的特征。因此，这是两个非常相关但又相互独立的模型集合。

101 我在前面提到阿克洛夫的次品模型这个名称显示了临界质量这一概念。“次品模型”已经比较成熟了，正在逐渐成为经济学语言中的一个永久性名词，但是为了使人们不至于忘记它，读者可以为它做一些努力。

倾斜这个名词最先运用于某个邻里环境的迁徙情况。假如在某个特定区域内的居民是同类人群，我们可以观察到，如果有一些少数族裔迁移到这个环境里，通常有一些原居民就会搬离这个区域，或者有想要搬走的表示。他们的搬迁会使这个区域空出一些位置，因而，更多的少数族裔可以搬进来，新居民的进入可能会导致更多的原居民离开，相似的过程一直持续下去。有些原居民的离开可能是因为区域里住进了一些少数族裔；有的人则是因为看到别人搬走了，认为这个过程一旦开始就很难停下来；而有的人则是因为担心他们会恐慌性地卖掉自己的房子。早期研究这个问题的作者并没有明确地解释这个模型。20 世纪 60 年代，由于美国少数族裔问题再次激化，以及白人学生的退学现象，这个概念才被用在学生入学和学区划分上。这个概念后来还被用在有关职业、俱乐部和兄弟会、医科学校和大学、公共海滩、网球场、餐馆、夜总会和公共停车场等问题上。

很明显，作为对模型的补充，这里有一个“内倾”过程，也就会有一个对应的“外倾”过程。白人搬离特定的居住区域，一方面是因为少数族裔的迁入，而只要迁入的少数族裔数量越大，它就会吸引更多的少数族裔迁入，并且迁入的速度会越来越快，而使这个迁入过程得以自然持续下去的初始数量则很少。内倾过程和外倾过程一样，其中都包含了某种预期过程在内——原居民不会一直等到外族迁入超过他们的忍耐程度之后才搬走，而少数族裔也不会等到区域内的本族人达到一定规模之后才决定迁入，只要他们有信心预期到区域内少数族裔人数会不断增加就会决定迁入。

倾斜模型是临界质量现象的一个特例——一个非常广泛的特例。这个模型的特点是：（1）每个人的行为的改变点有很大差异；（2）人们的行为特征通常包括居住、工作或娱乐的地点因素，一般来说，包括行为的发生地点而不仅仅是行为本身；（3）包括两个或两个以上群 *102*
体的临界性数量，每个群体都独立地进出某个区域；（4）这个过程既包括了有意识的决策，也包括了预期因素。这种情况发生的场合有大有小，小的例子有在餐厅吃饭时白人不与黑人同坐一张桌子，大的例子有津巴布韦的白人的离开。

临界质量图解

临界质量模型可以用一组图形进行说明，在此我们将对其中的某些图形进行说明。我们假设对于某项活动——比如说，周六上午参加一个对某门课的非强制性的复习课——无论参加人数多少，总有一些人坚持定期参加，但是总有一些人从来不参加，但是多数人只在看到有足够多的人参加时才会选择参加。每个人对于“足够多”的概念定义不尽相同，它既可以是多到使人们感觉这个活动足够有趣，也可以是多到使人们觉得不参加活动不太合适。

对那些根据预期的参与人数决定是否参加活动的人，我们可以找到这样一个数字：就是正好能够促使这个人参加活动的最小人数。这个数字可以是一个绝对数，也可以是总人数的一定比例；如果我们把一个班的数字定为100，我们既可以把它看作一个人数，也可以看作一个百分比。如果有一部分人的决策不取决于其他人是否参加会议，那么参加的总人数一定比100少。我们把临界数字定为50，20，1，或75等，并制成表格，画出柱状图，每一个柱形的高度表示两个数字之间（比如20和25之间，25和30之间，等等）的临界人数。我们可以把这个柱形图转化为一条光滑的频率分布曲线。如果临界人数分布集中在某一个平均值周围，越趋近两个端点就越稀少，曲线的形状就类似于一个颠倒的钟形；如果群体是差异性的群体，而且他们的平均值集中于两个不同取值范围内，或者在两个极端值的端点，那么
103 它们的频率分布曲线是一条双峰U形曲线。这条频率分布曲线与无条件参加会议的人数一起，构成了我们所要的图形。

这个图形不过是将频率分布转换成了累积分布形式。累积形式表示，对于任意期望的参加人数，有多少人认为这个人数足够多。之所以称它为“累积”的形式，是因为对应于横轴上的任意一个点，都包括了原始分布中处于此点左边的所有人。比如，35这个点表示了所有临界数值不超过35的人，而45这个点既包括这些人，同时还包括了临界数值在35到45之间的人。100这个点表示如果每个人都会参加，所有人都会参加。因为参加人数的期望值越大，愿意参加会议的人数也就越多，这一累积性曲线向右边持续上升，或者至少不会下降，因为预计参加的人数越多，偏好参加的人也就越多。（如果有些人只有在预期到参加人数不太多时才会出席会议，他们偏好亲密而不是人群，我们就需要两条分布曲线，一条表示只要具备一定人数就能来参加会议的人，另一条表示到一定人数就觉得太多的人，累积曲线

反映了两者之间的累积性差异，这条曲线可以是从左到右上升的，也可以是下降的。）

这条累积曲线在纵轴上的开始点表示，即使没有任何人参加，他们也会参加会议的人数，在 0 到 100 之间从左向右上升，包括了所有根据预期人数做出决策的人，横轴上的 100 记录了除了一定不会参加会议的人之外的所有人。

这条累积曲线的斜率与频率分布曲线的高度成比例，如果原始的频率分布曲线呈钟形，累积曲线在到达原始分布最大点之前斜率逐渐上升，此后斜率逐渐下降，我们通常将这种曲线称为 S 形曲线。

图 3—1 就是这样一条曲线。根据这条曲线，只有期望的参加人 104
数达到一定数值，才会有人愿意参加活动，如果预计所有人都会参加，最终参加活动的人数是 85，多数人的临界数值在总数的 1/3 和 1/2 之间。（作为这条累积曲线基础的频率分布，其高度与此曲线的斜率成比例，在总人数的 45％处达到最大，包括了总人数的85％，

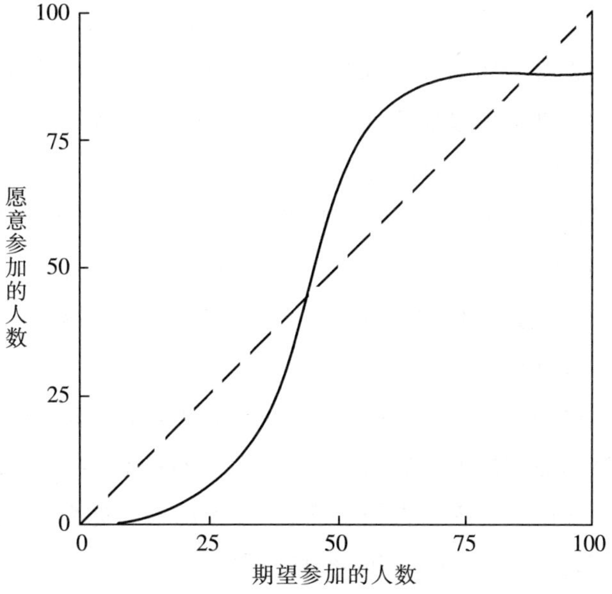

图 3—1

并呈现出基本对称的分布；大多数人都集中在35%到55%之间。）45度直线作为参考，在这条线上的点纵坐标与横坐标相等，这条线使我们一眼就能看出对于那些要求特定的期望人数的人，实际参加人数究竟是多还是少。我们很快就能看出，如果预计有25个人参加活动，实际参加的人数却不到25人，因为25人这个点所对应的曲线位置位于45度线以下，但是如果预计有60个人参加活动，实际参加的人数却超过60人。

105 假设因为上个星期有25人或30人参加活动，因此预计这个星期参加人数也是25人或30人。在这个预期人数上实际参加人数将只有12人，他们大多都会感到很失望，其中只有一两个人才愿意参加只有12个人参加的活动。到下一周我们可以预计几乎没人来参加活动，而再过一周就根本没有人来参加活动了。换一个假设，如果预计2/3的人会参加活动，那么实际来参加活动的人就会达到3/4，这比人们预计的人数要多，没有人感到失望，若是预计3/4的人会参加本次活动，那么更多的人就会出现，下个星期，如果预计有3/4的人参加，实际到场的人数会达到80人或更多。在接下来的一个星期，所有曾经参加过的人都会来参加活动。如果人们预期85人或更多人会来参加，那么85个人将会参加，没有人会失望，并且会一直持续下去。

在这里我们得出了两个稳定均衡点。一个是期望参加人数85人和实际参加人数85人，另一个则是0预期参加人数和0实际参加人数。低于40人的预期参加人数就会使有些人感觉不满意，并退出活动，从而引起其他人退出，这种情况持续发生下去，直至所有人都退出。任何超过40人的预期参加人数不仅能使参加活动的人感到满意，而且能够吸引更多的人来参加活动，从而持续提高参加活动的实际人数，吸引更多的参与者，直到全部85个人都参与进来。如果预期参与人数正好是40人，那么实际参加人数也是40人，但是在这个点上关于预期人数的任何一点变化都会吸引或者排斥一些人，从而使最终参与者的人数比例要么达到85%，要么降低到0。40人这个点是一个不稳定均衡点。

图 3—2 给出了另外三种可能性。C 曲线表示无论出现什么情况都会有 12 个人参加活动：这条曲线与纵轴交于 12 人这个点，这 12 人可能会另外吸引几个人来参与，在 16 人或者 18 人处达到稳定均衡。如果预计参与人数是 25 人或 30 人，实际参与人数一定少于 25 人或 30 人，人们就会陆续退出活动，直到只剩下 16 人或 18 人。大约 50％这个点是一个不稳定均衡点，而稳定均衡点在 85 人处。

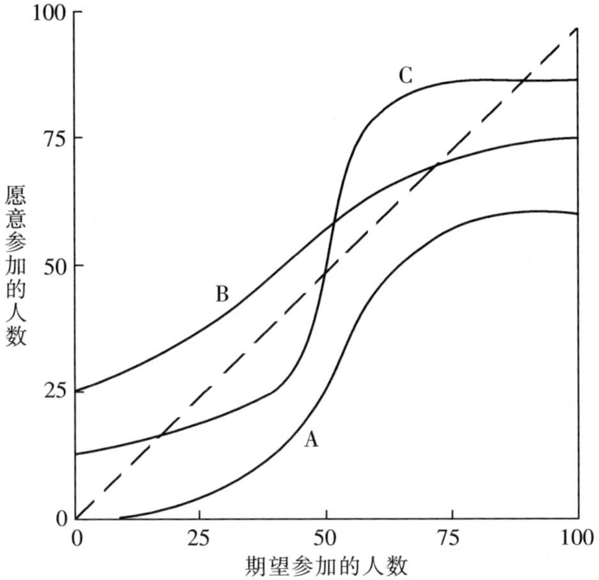

图 3—2

A 曲线描述了“逐渐没落”的研讨会模型，在这个模型中不存在临界质量。如果预期有一半人会参加会议，实际到场的会达到 1/4；而如果预期有 2/3 的人会参加，那么就会有 1/2 的人参加；如果预期所有人都参加，实际到场人数可能会达到 2/3，而不是所有人都参加。在这个例子中没有可以自我持续的到会人数水平。 106

在 B 曲线中，临界质量不是问题，任意一个在 0 到 70 人之间的期望人数水平都会吸引这么多或更多的人参与，参与人数趋向于整条曲线上的唯一的稳定均衡点，即曲线与45度线的交点。大于70人的期望水平是不能持续的，此过程最终会收敛到70人这个水平。

B曲线是一组代表模型，与临界质量模型非常类似，并且具有有
107 趣的“乘数效果”。对于任何一条像B一样的曲线，我们可以思考一下，如果我去掉那些总是参加或增加那些以前从不参加的人，那么对均衡结果会有什么影响。具体地说，根据B曲线，如果25个原本无论如何都会参加活动的人之中，有12个人现在无法参加活动了，那会出现什么样的情况？他们的缺席使整条曲线沿着纵轴平行下移12个单位。（对纵轴重新划分，将原来的12人处定义为原点，并把45度线向上移动12个单位，就能得到新的曲线。）现在25人处是新的均衡点。这时有多达45人会不来参加活动，其中的33人是因为参加活动的人数减少了而不参加的。这个比例，45/12或3.75就是“乘数效应”。

乘数公式取决于曲线的斜率。尽管曲线的斜率是变化的，但是新曲线和原有曲线之间的平均斜率一样，即为：(45－12)÷45，或者是1－(12/45)。如果用S表示斜率，M表示乘数，那么S等于$1-(1/M)$，且$M=1/(1-S)$。如果斜率是1/2，乘数就是2；斜率是1/4或3/4，乘数就是4/3或4。（斜率不能超过1，也不能像B曲线那样从上面穿过45度线。）

没有显示的是一个表示“拥堵”的曲线：期望人数越大，愿意参加的人就越少。这样一条曲线将起始于左边纵轴较高的一点，表明如果人们自己能拥有这一空间，那么有多少人愿意参加，它向右下方倾斜，表明期望人数越多，实际愿意参加的人数就越少。很明显，这条曲线与45度线只相交一次，产生单一稳定均衡点。

为了练习一下我们刚说的模型，我们举一个特殊的例子。假设在一个地方滑冰场里有两种滑冰的人：一种是少数的专业滑冰运动员，他们希望冰场上空无一人；另一种是业余的滑冰爱好者，他们既不喜欢冰场上人太多，也不喜欢人太少。我们用一条向右下倾斜的曲线来表示人数较少的专业群体，它跨过45度线，趋近左下方。同时我们

用一个山形的累积曲线来表示人数较多的业余群体，它起始于横轴上偏右的某一点，然后逐渐上升并超过 45 度线，接着在越过某个点后开始下降，此时再多的预期人数已经不再对他们具有更大的吸引力。将两种人群结合起来，我们把两组人数相加，这样便得到一条 108
表示与任何一个预期参加活动的人数水平相对应的愿意到场的人数的曲线，这条曲线左起纵轴的某个点，然后向下倾斜，在上升之前可能达到 45 度线，也可能没达到，最后穿过 45 度线，再向右上方倾斜。

如果曲线与 45 度线只有一个交点，向左下方倾斜的曲线在到达 45 度线之前就向上倾斜了，那么专业滑冰运动员根本就不会来滑冰。最初的专业运动员的人数足够吸引一些业余爱好者来滑冰，而他们又可以吸引更多的人，直到滑冰场上的人数多到对专业运动员来说已经完全没有吸引力为止。(如果这条曲线靠近纵轴的左边较低处呈现 U 形，这个曲线的形状就有一点像前面所说的 B 曲线。) 值得注意的是，如果不存在专业运动员，那么 0 也是这个曲线的一个均衡点，因为如果冰场上人很少，业余爱好者也不愿意来滑冰。因此，专业运动员的存在，使滑冰场对业余爱好者来说具有了吸引力，而业余爱好者最终会将专业运动员挤出滑冰场。

换作另一种情况，如果人数和偏好使所达到的关于专业运动员的均衡水平远远不够吸引业余爱好者来参与，曲线一开始就会降到 45 度线以下，然后再向上倾斜，与 45 度线再相交，从而产生两个均衡点。在一个均衡点上，滑冰场上充斥着友好的业余爱好者，但是他们的人数太多太拥挤，不能吸引专业运动员的参与；而在另一个均衡点上，滑冰场上只有少数专业运动员，他们人数很少，滑冰场看起来冷冷清清，一般人都不愿意参与。当然，如果有一些社会上的滑冰爱好者做出了“错误的估计”，以为会有很多人来滑冰，他们就会兴冲冲地赶来，而且发现他们的预计是正确的，在第二天又会吸引更多的人来滑冰。

在前面谈到的有关讨论会的例子中，我们假设学生人数是固定的，但是对于不同大小的群体来说，影响人们决策的到底是总人口的比例，还是绝对人数呢？毫无疑问，对于某些行为来说，比如语言、时尚或者周末聚会，影响人们决策的是比例，而不是绝对人数，而对于另外一些行为——打桥牌、参加读书会，可能也包括周末聚会——影响人们加入或退出的是绝对人数。因此，我们的分析分两种
109 情况，这两种情况是不相同的。

一个不同点在于，如果绝对人数是关键因素，并且如果它的影响是正的，从而使从事这项活动的人越多，那么吸引来的人就会越多，这样的活动对一大群人来说可能持续下去，而对于一小群人则不一定。

如果起作用的是人数比例——比如，是否抽烟、穿高领毛衫或说某种特定方言这样的行为，通常取决于多大一部分人有这样的行为——存在一种使人群分开或分化的可能性。如果人们容易受到周围人的影响——包括一起工作生活的人，一起玩耍的人，共进晚餐的人，同一所学校的人，同乘一辆公交车的人，同一所医院的病友，同一间牢房的狱友，等等，这种人群在某个范围内的聚集最可能表现出某种行为使其至少在这个范围内增加了其行为达到临界质量状态的可能性。让我们再看看 A 曲线，我们将曲线的上部分成两个部分，分界线是与纵轴上的 50 这个点相交的水平线。图的下半部分描述了一半人的行为——这一半人很容易受到其他人的影响而参加。现在先忽略图的上半部分，对这些人我们暂不考虑。其次，让我们对纵轴重新进行划分，将原来的 50%记为 100%。现在因为我们将纵轴压缩了一半，但是横轴保持不变，这样我们以前的 45 度线就变成了一条斜率为 1/2 的线，它是我们的矩形中的一条从左下角延伸到右上角的直线。这条直线与 A 曲线相交，交点右边的任何一点都表示现有人数超过了活动得以维持下去所需要的最小人数。

剔除了图中一半的人，尤其是剔除了一半最不可能参加活动的人，我们实际上使每个参加活动的人的影响力增加了一倍——因为他

或她所代表的人的比例增加了一倍。现在我们得到两个均衡点，一个是没人参加活动，而另一个是所有人都参加活动。通过将总人数平均划分为两类，一类是容易受影响的，另一类是不容易受影响的，于是，我们得到这样一个结果：半数人口参加是可以维持的。

现在，让我们来看看 B 曲线上的大多数均衡。假设我们不希望 110
太多人参加这种活动（比如吸烟之类的行为）。同样，我们还是通过在纵轴中间画一条水平线将人群划分成为容易受影响的和不容易受影响的两类。剔除图的下半部分，也就是容易受影响的一半人。将纵轴重新按 0 到 100 进行划分，并画出这一长方形中从左下角到右上角的斜线。这时整个曲线都在原来的 45 度线的下方；这种行为会逐渐消失，或者根本就不会开始。但是处于原图下半部分的人还在从事这样的活动，虽然他们无论如何都会继续这种行为，而且有接近 2/7 的人已经停止了这项活动。换一种情况，如果我们认为这种活动是有益的，而现在有两类独立的人群，一群人总是完全参加这种活动，而另一群人从不参加，将这两群人混合成为一个人群，就将会使参加这种活动的人又多 20 人左右。假设大一新生比较容易受影响，而大二的学生则不太容易受影响，两个班相互分开，各有 50 个人，大一新生参加周末课堂，大二的学生不参加，如果将两个班的学生合在一起，形成一个大班，或者两个班相互交换一半学生，结果会使大约 20 个大二的学生受到影响而去参加。

公　地

几年前格雷特·哈丁（Garrett Hardin）曾经选择了一个很有影响力的名词来描述一种具有广泛影响的有关动机的结构，它正在逐渐成为我们日常使用的词汇。他曾经做了一次题为“公地的悲剧”（The Tragedy of the Commons）的演讲，演讲稿刊登在《科学》

(*Science*, Vol. 162, No. 3859, December 13, 1968, pp. 1243～1248)这一杂志上。现在有关公地的参考书比比皆是，它与“乘数”、“噪音”、“零和”、“临界质量”或“从众”这些词一样，正在成为某种现象的代名词。十年前，“囚徒困境”走出了博弈理论的领域，而变成了描述两个人之间某种常见关系的代名词，即这两个人如果分别做出了自私的选择，那么他们对各自的伤害就甚于对各自的帮助，但是如果
111 他们都不从自己的角度进行选择，结果对两人都会更有利。哈丁所讲的公共放牧场则是研究具有同一行为动机结构的一种特殊的多人情况。

下面的比喻可能让人难以接受。每次当我们驶入拥挤的高速公路时，都可能会使我们想起在拥挤的公共草场上过度放牧的情形。那些在会议上高谈阔论却又言之无物的人们，可能看上去就像牧场上的牛一样，他们一边吃一边践踏另一头牛正在眼巴巴地看着的草。经济学家研究公地已经有很长时间的历史了，这个名词的流行既不是偶然的，也不能说是格雷特·哈丁个人天赋所致，现在这个词已经被广泛地用于研究在公共水域倾倒污水的行为，在公共石油层开采石油的行为，在公海猎捕鲸鱼的行为，甚至于将地球和地球上的资源比喻成一个公共养殖场，人类在其中过度繁殖等。

“公地”这个词现在用来描述这样一种范式，即人们在追求个人利益的时候相互之间会产生利益冲突，如果他们能够进行自我约束，他们的整体福利会得到提高，但是如果某个人进行自我约束，他的个人福利并不会有所改善。英格兰或新英格兰殖民地的某个村庄的公共牧场不仅仅是村民们的共同财产，而且对村民们的牲畜也是无限制开放的。在这片牧场上放牧的牛（或羊或别的牲畜）越多，每头牲畜能够获得的草料就越少——而且被践踏的草地也越多——但是只要在公共牧场上放牧还有一点好处，村民们就会继续这样做。在草场上放牧300头牛比200头给主人们带来的收益会更小，而且在同一片草场上300头牛可能比200头牛产肉和奶的数量还要少；但是对于一个家里有两三头牛需要在草地上放牧的人来说，他只看到他自己的牛的肉产

量和奶产量，而不关心所有奶牛的平均产量下降 1～2 个百分点，或者全村产量的下降。如果他意识到包括他自己的所有牛的产量小于他把自己的两三头牛退出公地的情况下的产量，他知道这也适用于所有其他人将两三头牛退出的情况，他也知道就算他自己不在公共牧场上 112
放牧，结果还是一样的，而他自己却得不到任何好处。

计算起来大概是这样的：假设牛奶是我们生产的主要产品。最初在公共牧场上放牧的牛很少，每头牛每季可以产 1 000 夸脱奶，牧场规模具有这样的性质，即每增加一定数量的奶牛，每头奶牛的产量就会减少，直到最后牧场上如果有 1 000 头奶牛，尽管都可以存活，但是牛奶的产量就变成了 0。如果牛奶产量的减少是线性的——这个假设可以简化我们的计算——200 头牛时平均每头牛产 800 夸脱奶；400 头牛时平均每头牛产 600 夸脱奶；600 头牛时，平均每头牛产 400 夸脱奶；800 头牛时，平均每头牛产 200 夸脱奶。计算一下每 100 头牛的产量，如果有 100 头牛，总产量是 90 000 夸脱；200 头牛，总产量是 160 000 夸脱；300 头牛，总产量是 210 000 夸脱；400 头牛，总产量是 240 000 夸脱；再往后分别是 250 000 夸脱，240 000 夸脱，210 000 夸脱，160 000夸脱，90 000 夸脱；1 000 头牛时总产量变成了 0。这样看来，如果牧场上超过 500 头牛，我们还不如把多余的牛宰杀掉剥牛皮，因为 500 头牛的产奶量比 600 头牛的还多。但是即使牧场上已经有 800 头牛了，我自己的牛每头还可以产 200 夸脱奶，而公共牧场不花我一分钱，如果把我自己家里的 10 头牛处理掉，我个人就要损失 2 000 夸脱的牛奶产量。（即使这种做法可能会使其他牛的牛奶总产量提高不止 2 000夸脱。）

公地是一种广为普遍的现象中的一个特殊情况，但是这种情况又无处不在，人们的行为的成本或损失超过了他们自身的掌控范围，他们要么不知道这种成本或损失，要么根本不关心。污染、疾病传染、乱扔垃圾、噪音、危险驾驶、随意玩火或者囤积短缺商品都是这样的行为。人们可能会自觉使这些行为服从于集体约束，因为这种行为对个体来讲应该不受约束，但是对集体来讲都是有成本的。

认识到公地的这种特殊性质是很有用的，因为这有利于我们进行比较研究。公地模型的应用广泛而随意，公地模型既有广泛的也有不那么严格的相关应用。将公地模型的严格模式和一致相关的模型加以
113 区分是值得的。严格地说，公地具有两个显著特征：(1) 只有使用公地的人受制于他们使用公地的方式以及他们对公地的使用程度；(2) 使用或过度使用公地的成本与获得或损失的收益同向变化，比如，前文中牛奶产量减少的例子。相对于另一些问题，比如噪音、污染、公共安全等来说，这种模式更符合“交通拥堵”或“野蛮开发”等类问题。除了公共牧场问题，同样的还有在拥挤的高速公路上车流速度未必比旁边小道更快的情况。此外，在异常拥挤以至于使人们后悔到这里来的沙滩上，在水泄不通的以至于你真恨不得自己去买书的图书馆里，也都存在这种问题。另外我们还能看到这样的情况：在公共石油产区，上十家独立的石油公司在这里拼命钻井，疯狂地开采石油，而根本不考虑环境保护，因为他们知道，开采的石油就是自己的，而他留下的则是属于别人的。

对“公地”更宽松的定义包括两种类似但不完全相同的分析结构。把图书馆里的书储藏起来；独占繁忙机场里的收费电话；为保住座位，休息间歇一直坐着；尽管他愿意搬走，并且也没有别的什么优势，但仍会握着有租金约束的公寓的长期使用权，等等，这些例子都是对于稀有资源的“浪费性”集体占用。为了处理烟尘、垃圾和废水而过度使用的风能、水能和土地，就像过度使用了当地的公共卫生处理场一样——在国家的每个地方，这种“公地”普遍存在，是很好的现代实例——然而和严格的公地模型不同。在这些情况下，由于过度使用或不正当使用产生的不利后果并不局限于当事人本身。当我把车驶入收费的高速公路时，这种效果就好像把我的牛赶到公共牧场上一样，我也阻挡了其他司机的前进；但是我的车所排放的废气给住在高速公路周围的人的眼和肺造成了影响，尽管他们并不使用这条公路（而那些坐在装有空调的轿车里的司机们却并没有受到废气的影响）。

公园、海滩或路边的噪音和垃圾比较接近严格定义上的公地情 114
况——公园、海滩和道路本身是免费使用的公地，噪音和垃圾主要影响使用这些公地的人。拥挤的机场，就像拥挤的道路和海滩那样比较接近公地情况；而飞机噪音则主要影响居住在机场附近的人，而不是机场的使用者，并且，与海滩上或公园里收音机产生的噪音不同，机场噪音属于另一种更广泛意义上的行为，这种行为的受众是他人，而不是对公地的其他使用者。

通过对公地的数学计算可区分三种公地的使用强度，最为典型的包括：放牧牲畜、猎捕鲸鱼、参观博物馆、在高速公路上驾驶以及使用风来驱散烟尘等。公地的某个使用水平表示它得到了最经济的利用：限制使用不仅没有好处，有时反而带来损失，虽然公地的使用减少了平均收益，却使总收益增加到某个水平。（在前面的例子中，这个使用水平就是 500 头牛的水平。）超过这个使用范围，尽管每个使用者仍能获益，但是过度使用却使总收益下降。在一个公平的限制系统中，公地的使用者都能从中获益，任何人想要增加对公地的使用都会造成其他人的损失。此损失会超过他自己的收益。但是，在这两个区域之间找到一个分界线却并非易事，不管是对拥挤的博物馆还是对最佳的牛奶产量，结果都一样。如果人们对于拥挤程度的敏感度差异比奶牛产奶量对于草料质量的敏感度差异更大，或者人们的驾驶水平影响交通拥堵状况的行为差异比奶牛践踏草坪的行为差异更大，那么找到最佳分界线就更加困难。

当公地的使用远远超过了合理水平（比如 1 000 头奶牛）时，就会出现使用强度的第三个水平，这个水平会使公地完全丧失价值——高速公路上车太多，以至于车速不比小道上更快；海滩上或音乐厅里人太多，以至于后来的人只看了一眼就回家了；几乎所有人都不能获得更大效用。这不仅仅是公地由于过度使用而几乎完全丧失价值的点，而且还是使现有使用者不能获得效用改进的点，因为只要公地使
用还有正的价值，现有使用者所做的改进就会为他人所享有。如果限 115

制高速公路的使用者每周只能使用三天，这样每个人的使用频率降低到原来的 3/5，高速公路上的车流也会减少到原来的 3/5，这样所有人都会更好；但是如果那些以前因为公路拥挤而放弃走高速公路的人，发现交通状况有所改善也来走高速公路的话，他们就有可能成为那剩下的 2/5，从而减慢公路上的交通速度，使原来那些限制自己使用频率的人没有得到任何好处。

自我实现及其他预期

当我还是一个小孩子时，德国牧羊犬是众所周知的“警犬”，我们都很害怕这种狗。我们害怕它们的原因是：它们非常不友好。但是这种狗之所以很凶狠，一定有一部分原因是我们很害怕它们，并且对它们也很不友好。而且狗的主人也希望它们变得凶狠，这样好保护主人的财产，因此他们有意挑选那些令人生畏的狗来饲养。但是，如果我们固执地认为“牧羊犬”就是警犬，忠诚而温顺，粗鲁却善良，那我们就可能完全误解了狗主人的意思，颠倒了整个体系，并对可怜的狗施加了不必要的警惕。

自我实现的预言是一个叙述性的恰当的概念，最初它不仅广泛应用于描述它们本来要描述的特定现象，后来它还拥有了自己的意义，与原有的语言环境逐渐脱离，成为一个宽泛的语言概念，意思也可以相当于任何类似的概念。这个概念的含义是指，某种期望具有这样一种特征，它所导致的行为会促使这种期望实现。“预言”这个词不过是为了使这个概念更生动讨巧而已；预言本身当然不会自我实现，但是期望这种行为通过一系列或短暂或长久的活动及其相互作用，最终
116 会产生一个与期望一致的结果。（一个不被重视的预期自然也不会自我实现。）

这个词最初的用法是特指一个有更多限制性条件的有关期望与行

为的模型，而今天它被广泛地应用于一系列的机制。最初，这个概念用来指白人对黑人，或者任何社会的主流群体对弱势群体或地位较低的阶层所持有的特定观点——或者期望或预期等。在这种观点指导下的白人行为将引致一定的黑人行为向他们所期望的方向发展。举个例子，如果某个社会弱势群体被主流人群认为不具备担任重要职责的能力，那么人们就不会雇用他们担任重要的职责；他们因此也没有担任重要职责的机会；而缺乏担任重要职责的锻炼，他们也就越发地让人觉得无能。如果某种残疾人被认为不具备操纵某种特殊机器的能力，并且操纵这种机器需要培训和锻炼，那么残疾人就永远不会有得到培训和锻炼的机会，当然也就不具备操纵机器的能力。如果大学学生与老师之间关系比较疏远，或者老师在场时他们就感觉别扭，老师可能就会尽量回避与学生们在一起，从而更会使学生产生这种情绪。

现在我们已经有三个不同的自我肯定期望模型了。一个是单边过程，即首先对人们的行为有一个单方面的看法，接下来根据这个看法进行行动，最后使这个看法成为现实。一个是双边过程，比如老师和学生之间，阿拉伯人和犹太人之间，雇主和雇员之间，都存在某种先验的看法，这些相互的看法因此影响了彼此的态度以及与这些态度相一致的行为。（如果我们每个人都认为，别人只要一有机会，就会不宣而战，那么我们一定会觉得为了自我防御，一有机会我们也应该不宣而战。）另外还有一个选择性过程，即前面关于选择警犬作为看家
狗的例子，在这个过程中扮演某种特定角色的人一定会是顺从而合群 *117*
的，因为人们意识到只有这样的人才会选择这份工作，承担这种角色。比如，如果男人们都认为只有妓女才会在公众场合抽烟，并且女人们都知道男人们的这种共识，那么女人们就可能只在家里抽烟——也可能到一定时候才这样做。

“自我实现”这个术语可以运用于更广泛的现象，不仅仅局限于种族歧视或者相互不信任等。如果我们都认为咖啡的供应将出现短缺，我们只要按照人们相信会出现咖啡短缺的信念那样作为，就可能

真的会促成这样一种现象产生。20 世纪 30 年代当人们都认为银行已经处于破产的边缘时，他们都会去银行挤提存款，从而导致他们担忧的银行破产。如果人们认为某个职位的候选人得不到支持，获胜的机会很小，那么他可能就真的得不到什么支持，获胜的机会也很小。如果每个人都认为你会早点到会场占一个好座位，那么你就必须早去占一个好座位。如果参议员们认为，一定有足够的参议员投票反对卡斯维尔法官以否定他进入最高法院的听证，那么事实上这种情况极有可能出现。

即使是这些例子，我们也能将它们进一步划分成为至少两种完全不同的情况。第一种情况下，人们的期望程度越高，事件发生的可能性就越大，无论这个事件是什么；相信其他人会准时到场的人越多，实际上准时到场的人就会越多；认为参加庆典的人数很少的人越多，参加庆典的人就会越少；认为某人在竞选中获得的支持很少的人越多，他实际上获得的支持就会越少。另一种情况涉及了“临界质量”，通常在这些事件中会出现全部极端或根本不出现极端。如果社会主流群体人数越多，弱势群体的劣势就越大；如果某个候选人成功的可能性越大，那么及早支持该候选人就越重要；如果认为银行将破产的人越多，那么在银行破产之前提出存款就越紧急；每个人都认为所有人
118 都持有这些相同的预见，并会因此付诸相同的行动，他们因此就会做出对未来比较极端的判断，从而确实导致一个极端的后果。古巴巴提斯塔政权的突然倒台，1960 年法国从阿尔及利亚撤军之后法国殖民者的随之退出，居住在一些非洲国家的白人因为相信其他白人都要离开而抛弃了自己的房屋和财产离开非洲，这些都是生动的例子。

下面，我们还可以再放宽一点这个定义，把那些后果与最初的预见不一致的情况也包括进来。让我们回忆一下这样一些情况，人们总希望自己给的小费比平均水平高一点，自己到场比大多数人早一点，自己比竞争者给雇员发的工资高一点，给自己的学生成绩比平均水平稍好一点，或者在审核研究生的入学申请时，自己表现的批评态度比

其他同事客观一点。如果每个人都有这样的动机，并且每个人对平均水平都有共同的认识，他们的行为通常就会使实际平均水平偏离他们的预计。我们将这种情况称为“自我偏离预言”。如果每个人不仅都有这样的动机，而且对其他人是否也有同样的动机表示怀疑，那么他们会考虑到每个人的这种偏差，并且进一步调整他们的行为，从而使实际情况更加偏离预见水平。给出租车司机的小费最终达到的稳定水平，是人们支付不起超过平均数的小费，但是学生的分数却会不断上升。

于是，我们得到了一个“自我否定预言”。如果每个人都认为参加某项活动的人会很多，场面会很拥挤，因此都不参加，结果可能是活动现场一点都不拥挤。如果一场暴风雪之后，从气象预报得知交通状况将很糟糕，若人们听信预报，那么街道上将会很空。如果每个共和党人都认为他们的候选人会以绝对优势获胜，那么他们可能不会去投票，结果可能并不是绝对优势。如果出去露营时每个人都认为其他人会带食物不带水，结果可能是所有人都带了水但是没有带食物。

从最后一种情况我们又可以引出一个“自我平衡期望”。如果这 119
周六去露营时因为预计别人可能都带食物而不带水，结果我们都带了水而没有带食物，那么下周六是不是可能完全反过来，只带食物而不带水呢？结论可能就是这样的。我们可能带了过多的水或过多的食物，但是不会出现完全极端的情况；再下一周我们又进行了一些调整；最后我们会逐渐趋向平衡。此后每次露营，尽管可能因为一些突发原因，比如说参加露营的人员出现了变化，我们可能会出现带的水过多或者带的食物过多的情况，但是接下来的一周内一定会出现平衡调整的趋势。因此，我们可以得出一系列“自我修正预期”。也可能不是这样——没有任何保证可以使我们长期脱离这种翻来覆去的情况，但是如果这一过程是经常性的和连续的，总有人会不断地做出修正性调整，从而使扭转而不是大幅度跳跃成为经常趋势，进而使行为和预期实现均衡。

还有一种情况可以称为“自我肯定信号”。如果抽烟的人认为含薄荷的烟都是绿色包装盒或蓝绿色包装盒，竞争性厂商就会发现以这种颜色来专门包装薄荷香烟将会有利可图。如果人们普遍认为去某个特定的单身酒吧就意味着要寻找伴侣，那么到这个酒吧去本身就是一种信号，而且这个信号也为酒吧里的其他人所接受。

自我约束的传统习俗

如果每个人都认为其他人都会走右边，那么大家都会走右边。如果在听音乐会时每个人都认为别人不会在演奏间歇鼓掌，那么基本上就没有人会在这时鼓掌。

多数单行道标志不需要警察来执法，在这里指挥人们行为的——或者说提醒人们行为的——就是自我约束力量。许多法规具有这样的
120 特征，无论这样的法规是好是坏，有总比完全没有法规强；通过人们的预期实现的习惯是非常有用的。（想一想如果我们生活在一个没有字母顺序的时代，该是多么糟糕的事情！）但是自我约束力量有时候也会误导人们的行为。一个糟糕的单行道系统与一个良好的单行道系统所产生的自我约束力可能是一样的。男人和女人、白人和黑人、学生和老师、雇主和雇员之间存在的细微差别也具有很强的自我约束力，尽管有时候他们的一方或双方不喜欢这种传统，但是只要明显的例外并不存在，这种情况就会一直延续下去。

发明交通信号的人一定有化繁为简的天赋。[4]他认识到在两条街道的交叉处，因为人们互相影响而会出现混乱和时间损耗；也许出于个人的经验，他发现行人的自律和相互礼让无法解决这一通行问题。在这里，即使那些很礼貌的人也会因为相互等待而耽误时间。而一旦人们对自己过马路的时间判断错误，就会引起碰撞事故。

他以高度的概括性将所有行人分成两组，一组行人是东西向的，一组行人是南北向的。他把交通问题转换成了一种交互模式。人们过

马路时不需要买票，不需要时间表或者事先约定。所有必要的指令都简化成了两种信号：绿灯和红灯；在这个十字路口平面的所有行人都能看见信号；一个简单的信号转化机制就能控制两组交通灯。不需要事先的计划安排，对信号灯和行人都不需要和其他活动进行统一协调，甚至也不需要执行：一旦行人习惯了交通灯的指示，他们就知道，逆交通流而行是很危险的。交通灯创造了一种秩序，不遵守秩序 121
就会受到惩罚。同时交通灯对每个人都是不偏不倚的：它们不对行人区别对待，也不会因为给予某些人好处而伤害另外一些人的感情。

社会管理者可以从交通信号灯的例子中得到很多启示。交通信号提醒我们，尽管计划管理往往与控制联系在一起，协调通常才是关键因素。人们需要根据他人的行为，在正确的时间做正确的事情。事实上，人类社会最具有创造性的一种计划，有可能就是把时钟和日历进行统一的机制。我不用每天早上起床时都把时间拨到零，并让它按照十进制运行一整天。我的表和你的表所显示的时间是一样的，有了统一的时间，我们可以轻松地与所有其他人进行协调。谁也无法欺骗时间。

每年入夏的时候，我们一起把我们的表向前拨一个小时来实行夏令时，这实际上是对这种协调的一种称颂。对于政府来说，要求每个人干每件事情都把时间提前一个小时，实际上是一种干预，这与人们的自由选择权利相冲突；我们都不得不每次检查谁实际上改变了时间安排，而谁又没有。但是，如果我们在同一个晚上同时把我们的表都拨快一个小时，所有的事情都解决了；我们也没有什么别的选择。

夏令时本身是一个出于良好愿望的武断决定。为什么正好是一个小时呢？难道是因为当古中东人按照与十二宫图和旧式货币中的便士与先令的十二进制（而不是按照我们最初用十指计数从而采用十进制）相一致的方式，将一天划分为 24 个部分时，他们已经预见到了 1 000 年或2 000 年之后，城市工业化社会将每天的活动日程正好提前 1/24 吗？就像母鸡下的鸡蛋大小通常正好能和一杯面粉调在一起一样，是不是某种目的论原理决定了计算时间的单位正好等于夏季天黑前将高尔夫球打入9个球洞中的时间？

122 我知道这样一个人，他曾经计算过时钟应该调快1小时35分钟，而另一个人的习惯是在8月假期里将表拨快40分钟，这样在某个特定时间正好使太阳越过船的横桅杆。我想他们永远都不会让当局通过这一法案——正如一个以秒表（stop-match）计算的最快的87码跑的运动员不可能获得奥林匹克组委会的认可一样。

交通信号和夏令时这两个例子反映了在诸多社会决策中导致人类行为趋同的强制力。度量衡的制定、螺丝钉的斜度、十进位币制、靠右驾驶等行为，都不是某个人能够影响得了的。即使对于政府来说，很少有什么决策比控制人们夏天什么时候起床更简单。先进的钟表工艺使夏令时的推行变得异常容易，它比通过换掉公路指示牌和路标来使另外一边的所有车辆都在同一时刻注意到这种改变更容易。货币流通比螺丝和螺帽的流通可要快多了。如果我们要清除我们所有五金器具中的螺纹端面角，那可需要花好几年的时间。

十进位币制和靠右驾驶也许值得集体努力。历法改革或许可行。字母拼写改革也有过成功的经验。但是如果要全国人民都讲另外一种语言，这可能是一个专制政权，也可能是某种宗教的狂热，或者原有语言的口音太过杂乱而易混淆，使得新语言的形成成为可能。

在这些社会决策中，有些惯性是非常强大的，有时甚至是惊人的。人们学会用双手使用打字机之前，打字机键盘就已经产生了。打字的任何人都可以提出对它加以改进的意见，而实验也证明确实还有更有优势的键盘，而且容易掌握。改变打字机键盘上的键的成本并不
123 高，甚至更换一台打字机也没多少钱，特别是当一幢大楼里不同楼层上的打字员可以使用不同的键盘，且不相互影响。尽管如此，对于我的孩子们来说，不管他们生活多久，与食指相比，都会更方便地使用他们的无名指打字。

现在让我们考虑一下一个与夏令时类似但是更加复杂的问题，即

在遥远的过去对标准键盘的设计如果发生在遥远的未来的情况，但是我们可以预见到某些社会决策的惯性所在。美国普遍实行5天工作制，但是人们可能还想多些闲暇以带来生产率的增长，少花点时间在生产金钱可以购买到的物质产品上，这样来看，4天工作制可能会很吸引人。没人保证四天工作制可以得到实施——对物质产品的需求可能是具有弹性的——而且无法认为这一较短的工作时间就已经达到了一周工作时间的最短极限。（如果四天工作制确实是最短极限，一天工作9个小时可以使一周4个工作日更容易接受。）那么你想在一周中的哪一天休息？你认为最后会是哪一天休息呢？

这里至少有3个不同的问题：（1）作为个人来说，如果一周之内确实还可以休息一天，那么哪一天是我们各自想要的？（2）总体来看，如果我们所有人的休息日必须一样，哪一天是我们都愿意接受的第二个星期六？（3）如果我们要测算一下2030年时的工作日情况，我们会做出什么样的测算呢？

第一个问题是一个复杂的问题。你愿意休假的那一天可能取决于别人愿意休假的时间。工作日是去看牙医的最好时间，除非牙医们不在同一天上班。周五是去郊外的好时间，可以避开周六的交通高峰期，只要不是所有人都在周五休息就行。如果周三是孩子们不上课的时间，那么周二就不是去海滩的好时间；但是如果孩子们在周二放假，那么这天最好还是和孩子们一起过。把休息日错开可以缓解高尔夫球场和购物中心的压力；但是如果一周当中每天都有1/5的学生不来上课，那会大大挫伤老师和班级的积极性；如果四年级的学生周二 124
放假，而五年级学生周三放假，家长们会感到很困惑；老师放假的那天学生们也不能很好地去上学；如果牙医放假了，带着孩子们去海滩玩耍，老师们也不能去看牙医。

从总体上看，一个重要的可能性是我们还是喜欢错开工作日的，因为这样我们可以缓解各处的交通堵塞和上班高峰，但是我们都会更愿意在选择周五休息的20%的行列中，因为这样如果需要我们可以在周五去看牙医，并且在不需要看牙医的时候我们还可以去度一个三天的周末。如果每个人都有这样的想法，我们就无法把我们自己的休息日在一个星期的几天内错开；我们只能把周五安排作为共同的假期——这样周五就成了交通拥挤的日子，总体上说这时周五休息还不如在周三休息。路上又出现了拥堵，高尔夫球场或滑雪场排着长队，开门的商场不多，购物也不划算；我们一起把周五这一休息时光给破坏了。我们在周五出现的拥堵就好像公共牧场一样，是随意做出我们每个个体的独立选择的结果。

每个人都希望生态平衡，希望有更高的集体理性，希望有一个目的性的进化过程。但是这并没有使错开高峰期这样的事情起任何作用，这实际上根本不受政府影响。我们似乎不能把二月的每一周设成不同地区庆祝华盛顿生日的日子，以使这一天的飞机航线和高速公路的旅行比滑雪场运行得更平稳。

当然，我们应该感谢上帝至少赐予了我们统一夏令时的能力。

社会契约

空中交通服务单位曾经报道过波士顿东南高速公路上的一个奇特现象。如果早上向南的线路上发生了一起反常的或严重的交通事故，那么向北的道路上的汽车车速比发生事故的道路上的汽车车速下降得
125 还多。因为人们会纷纷减慢车速，想看看车道另一边发生了什么。好奇心在这里起到了瓶颈的作用。甚至一个晚了 10 分钟到达事故现场的司机可能会感觉他已经为此付出了代价，即使他眼前的道路已经没有拥堵了，但如果没看上一眼，他会不甘心的。

最后大多数司机为了看 10 秒钟事故现场而多花了 10 分钟的开车时间。(更可笑的是，现场可能已经被清理干净了，他们仅仅因为前面的人可能在看什么，而觉得好奇，于是放慢车速。）这是一种什么样的

现象呢？一些本来可以快速通过的司机，可能出于好奇停留了一会儿；多数司机凭借多年的开车经验，知道当他们到达现场时，他们看一下大约要耽误 10 秒钟的开车时间。然而当他们到达出事现场的时候，10 分钟的延误已经是沉没成本了；而他们仅花了 10 秒钟匆匆看了一眼。在他后面慢慢爬行的几十辆车上，所有人也额外多花了 10 秒钟时间。

每个人都花了 10 分钟时间看了一眼，但是他们为自己花了 10 秒钟，却为前面司机的好奇心多花了 9 分 50 秒。

这真是不划算。

更正确地说，这个不好的结果是因为没有讨价还价的余地。作为一个整体，司机们绝对会做出的选择是不损失这么多时间，如果每个人少看这 10 秒钟，那么每个人都能在高速路上节约 10 分钟。然而因为不存在组织协调，他们都受一种分散记账体系的约束，在这种体系下，司机对他后边的人造成的损失并不在意。

仅仅因为从某个回城的货车顶上掉下了一个床垫子，周日下午从好望角回来的汽车被耽误了超过一英里距离的时间，在路上缓慢爬行。没有人知道有几百辆车在一英里之前就开始减速，5 分钟后才到达这个遗失的床垫那里，等待交通畅通，并且在恢复速度之前还逡巡了半天。*126*
最后可能有人把车停在床垫子前边的紧急停车区，走下车把它挪开了。如果没人这样做的话，没准这个床垫子到下个周日还在那里放着。

这里同样不存在讨价还价。在没有司机愿意做这样的好事的情况下——在炎热的高速公路上带着一群饥肠辘辘的孩子的人，是没有这样一种心态的——某个人必定是被选定做此事，或加以补偿后才做此事。挪开这个床垫对于已经开过去了的司机来说没有任何好处，并且开过去之前也没有人会去挪开这个床垫。

如果有人在高空直升机上看到了这一情况，他可能会建议后面的 100 辆车在他们经过那个挪开了床垫的人的时候，每位司机从右车窗给他扔下 10 美元。这实际上等于将清理了的公路的产权给予了清理人，使清理公路的这个人的投资有所回报，并使后面的消费者都能受益。但是长长的车队的共同点只是他们的路程一样，在他们通过床垫时无法进行声音交流或任何其他形式的动态集体会议的情况下，他们无法进行合作。因此我们只能感谢那些时常会出现的个体记账系统，其中会有人认为不计名利地做好事是值得的。

东南高速公路上的好奇心和通过床垫堵塞路段之后的归心似箭，都说明了有关个人决策和集体利益的一种普遍情况。人们做什么事情或不做什么事情，都会从正面或负面影响着其他人。在没有适当组织的情况下，个人行为产生的后果可能是相当不令人满意的。人们很容易就此谴责“人性”；但是，如果承认多数人对自己的事情比对别人的事情更关心，而且多数人对自己的事情也比对别人的事情更了解，我们就会发现人性本身不如社会组织更重要。这些问题常常可以得到解决，而解决的方法取决于一种人为设计的组织或是自发产生的组织，一个长期组织或者一个临时组织，一个自愿的组织或者一个强制性组织。

127 在一种情况下——即停下来看看事故现场的情况——问题是要使人们放弃做那些需要别人承担成本的事情。在另一种情况下——即把床垫子从路上拉开——问题是需要某个人麻烦他自己来做这件对他自己毫无好处但是对其他人非常有利的事情。

这两个例子的另一个区别是，第一种情况涉及了所有人，而第二种情况只涉及某个人。我们可以很容易地把挪垫子行为反转过来，使它成为一种由于不小心而伤害他人的行为，而不是出于自身利益做出的善良行为。那个绑床垫子的人可能考虑到了如果绑得太随便的话床垫子可能会遗失，但是他不可能考虑到有上千个家庭也许因为他没有绑好床垫子而耽误了回家时间。所以，我们也可以抛开司机们那莫名其妙的好奇心不谈，而去假设人们都在正常驾驶，且考虑着他们自己的事情。他们并不急迫，但是他们后面的某个人可能会有急事在身，事实上也可能有很多司机都着急赶路。如果要这个不紧不慢的司机加快速度，或者选择另外一条路，可能需要花费大家的时间，甚至金钱。可是他自己并不觉得做错了什么，他可能甚至还认为那些想要赶路的司机应该为他让路的行为付给一定的报酬。如果没有组织化的沟通，他可能根本就不会意识到后面的人有多着急，而且也不在意后面的人有多着急。

社会组织的很大一部分——也就是我们之所以称之为社会的那部分——就是一些制度性安排，这些制度性安排可以克服个人所感受到的利益与某些更大的集体利益之间的偏差。有些社会组织是市场导向的——所有权、合同、损坏赔偿诉讼、专利权和版权、期票、租赁合同以及各种通信系统和信息系统，等等。有些社会组织和政府有关——用以提供公共服务的税收、对人的保护、气象局（如果气象信息不能成为市场商品的话）、单行街道、禁止乱扔垃圾的法令、在向南的线路上的事故现场清理人员和在向北的线路上指挥交通的警察，
等等。更多的社会组织是选择性组织——如工会、俱乐部、社区 128
等——它们可以建立一些激励性机制和制度来帮助人们做一些个人无法完成但集体可以做的事情。道德可以取代市场和法规促使我们有时候凭良知做事，但是从长期来看，人们只有在肯定能够得到互惠的情况下才会做这样的事情。

我们遇到的问题是在个人独立行为动机与集体行为之间通常存在的偏差。考虑一下夏天的限电措施。我们总是被告知说，如果我们在盛夏时不限制用电量，系统可能会超负荷，后果将不堪设想，如出现突然断电或持续电力不足以及其他无法预计的后果。有些时候我们会听到水资源短缺的警告，水龙头漏水是水资源浪费的一个主要方面。我们都被要求使用新型节水装置。只要我们的多数人（即使不是所有人）都形成顺手关灯的习惯，或者减少一些对空调的使用，修好家里漏水的龙头，让家里的草坪变得更黄些，让自家的车更脏些，从而降低一点对公共用水和公用电力的需求，那么毫无疑问的是，我们都会从中获益匪浅。因为如果我们不这样做，我们就会遭受到更严重或更不可预期的结果——在用量超过负荷，或不得不实施某种糟糕的紧急配给制度时，空调可能会在最热的那天因为断电而无法工作，所有的

电灯可能会在我们需要的时候熄灭。

但是把我的空调开小点，或者在我离开房间的五分钟内关掉电灯，以及修好我家里漏水的龙头对于我来说没有任何好处。我需要的电力或水力能源不过是很小一部分，而当把我的行为所造成的微小差别乘以受此影响的人数时，我自己的行为对成本的影响也可以忽略不计。

在家里我们通常在周五晚上简单地冲个澡，以节省热水，而不是自己先洗澡，并恨不得把热水用光。这是因为我们会相互照顾家人，或不得不假装我们相互关照，或我们可以相互观察，并给每个人的洗
129 澡时间计时。但是要照顾其他人或被其他人照顾则要难得多，如那些我不浇草坪他就可以更有效地洗车的人或那些我不洗车就能使草坪更绿的人。

在这种情况下我们就需要一个强制性的社会契约。如果别人都遵守这个契约，我也会遵守；所有人都采取合作行为而不是各自为政，我个人的福利就能够得到改进。就好像在紧急情况时一样，美德和榜样的感召往往使人们紧紧地团结在一起，恪守共同的黄金准则。对集体具备认同感，并且相信别人也与我们一样。我们愿意面对当前的问题，并且为这种美德与集体感到骄傲。许多社会道德实际上就是一种行为准则，如果人们都遵守这种准则，这种行为就是值得称道的。(尽管个人可能不能从遵守行为准则中获得好处。）但是如果这个时候没有令人鼓舞的英雄主义；如果需要做的事情非常麻烦费事；如果人们与其他通过水管相联系的大多数人没有集体感觉；如果人们坐在房间里需要不时调整空调的温度，或者需要不时地出去检查一下水龙头是否需要维修；尤其是如果人们怀疑大多数人根本就没有遵守这些规则，多数人就会三心二意，很多人可能根本就不这样做。当他们看见水龙头在淅淅沥沥地滴水，直到没有水流出，或者看到尽管一再号召人们少用空调，电力短缺问题却还是没有解决，那么甚至连那些不情不愿的行动都会被放弃。

当人们晚上走到房子后院，竖起耳朵，听到夜色中其他人家的浇

水装置滴滴答答的漏水声时，心中的不满就会更强烈。因此，他可能会一边谴责缺乏强制性的节水措施，一边把自己家的浇水装置也打开了，从而使大家共同违反规定。

人们一边谴责他人，一边自己重复同样的行为，这对他来说并不 130
矛盾。他希望执行强制性措施，但是如果没有执行这样的措施，他会浇自己家的草坪，特别是其他人都这样做的时候，他对为其他人做好事不感兴趣，而这些是他根本不认识的人，他不希望因此而使自己的草坪枯萎；但是他愿意遵守社会契约，如果别人都能不灌溉自己的草坪，他也能不灌溉草坪，这样他们在淋浴、使用洗衣机、冲厕所和用水池的时候都能少受到一些限制。

然而，困难就在于如何使这种社会契约固定下来。能在每天用水的最高峰时候调节快慢的水表，以及将每周的用水费率或用水配给量在每个夏天都公之于众，将无疑会有助于人们解决这个问题。但是豪华的水表很昂贵，而且用水费率的不断变化，不仅会带来麻烦而且难以监控；大家庭通常要洗一大堆脏衣服，他们会抱怨配给的水费太高，而没有小孩的家庭还可以用水来洗新买的车。在我们还来不及设计并公布一个可行的“解决方案”时，潮湿而阴冷的秋天已经来了，现在的问题是要制定一套规则以强制性地在某些公路上使用雪地防滑轮胎，以防在早到的暴风雪突袭时，因为我的车在上坡时滑向路边，而使后面的所有车都受阻，从而造成交通混乱的情况出现。我可能会为了等圣诞节后的大减价而迟迟不把我的车换上雪地防滑轮胎，这等于是我在用我的晚餐时间和轮胎的价格进行赌博。

有时候只要我们当中的一部分人就能够解决问题。如果用电负荷只超出不多的几个百分点，有一半人可能就会执行自愿的用电限制，从而避免断电情况的出现。另一半人不进行自我限制，这会使我们感到非常气愤，更让人气愤的是这另一半人因为电力紧张而造成的忧虑心情刚刚消失，他们就开始放松警惕，大手大脚，把所有的灯都开着，因为他们知道，为了避免断电，我们关掉了我们的电扇。尽管如此，即使我们不对这样的行为处以重罚，而让我们当中的一半人承担全部责任，这样的契约仍然可以称为一个好的契约。“免费搭车者”
131 比我们获得了更大的福利改善，但是对于采取合作行动的一半人来说，我们也获得了福利改善，因为我们自己减少了所用电力。

然而，有时候只有几乎所有人都参与行动才能够解决问题。我们首都的垃圾桶上都写着“乱扔垃圾可耻”，但是真正破坏公园和马路的是开始的垃圾，多十倍的垃圾会使环境变得糟糕，但不是十倍的糟糕。只要一辆割草机就足以破坏周日宁静的早晨，使宁静的社区像喧闹的工厂一样。确实，一旦第一个人大胆开动他 3.5 马力的割草机并破坏了周日的宁静，其他的邻居也会纷纷开动他们的机器，因为他们相信没有人会谴责他们，因为很明显，仅仅关掉其中任何一台机器根本不足以提供一个宁静的周日。

道德和善良可能会起作用，无论合作性行为的技术是什么——是否所有乱扔的垃圾都破坏了环境，或者只是一开始的几件垃圾破坏了所有的环境——那些愿意与其他人一样恪守职责的人们，那些愿意遵守共同社会公德的人们，还有一些像其他人一样拥有共同的自私特性的人们，他们不能容忍甚至不愿意提到有些人违背社会契约，背弃社会公德，不能容忍有人嘲笑那些尽量减少往河水里抛洒剩余洗衣粉的人，或者嘲笑那些把落叶扫走而不是一烧了之的人。

尽管如此，有时并不是所有人都能在共同的社会契约中获得福利改进。有些人得到的多，而有些人得到的少，有的甚至不能弥补他遵守社会契约而放弃的东西。关掉空调，以使电灯和重要的家用电器正常工作这样的协议对于那些对花粉过敏的男人或女人来说，就不是一个好交易，因为他们宁愿在黑暗中有一个干鼻子，也不愿意在灯光下不停地打喷嚏。禁止人们在室外使用水尽管有点不近人情，但是对多数人来说还是可以接受的，但是一对以浇洒他们的花园为乐的夫妻就
132 无法接受这样的条款。在出了事故的高速公路上警察突然出来维持秩序，宣布所有的车都应全速前进不允许滞留，这对于那些本来还要缓

慢爬行一英里才可能到达事故现场的人来说自然是一个很好的消息，然而那些已经缓慢爬行了十分钟而且马上可以看到事故现场的司机们可能就会不高兴了。如果十分钟前宣布这个消息他们都不会生气，但是十分钟前他们前面的有些司机就会不高兴。

如果参与社会契约需要一致同意，那么为了所有人都能参与，可能需要对那些收益不能弥补成本的参与者进行补偿。不过，补偿会使这项社会契约变得更加复杂，当那对爱好花园的夫妻在得知他们的花枯萎后可以得到补偿时，他们的邻居就可以知道他们究竟有多热爱他们的花园。

在经济学中，与这种一般现象最相似的情况涉及某些缺乏供给弹性的稀缺资源和商品，它们对所有人都是自由供应的，直到供给被用完为止。最著名的例子就是美洲水牛，内战结束的时候还有 2 000 万头或 3 000 万头美洲水牛在密西西比河西边的草原上徜徉。野牛肉当时还没有在市场上销售，而且铁路运输还不能把鲜活动物直接送达美国西部。因水牛舌头味道非常鲜美，价格也很高，故在几年的时间里，水牛舌的买卖都很兴旺，最后留下了成千上万吨没有舌头的腐烂牛肉。后来水牛皮又成了抢手货，这导致更严重的后果，在大约六年内 200 亿磅的水牛变成了腐尸。当时，货运火车为了回避腐烂的水牛尸体散发出来的臭味都绕道而行；地上每增加 5 磅水牛肉，就有人从水牛皮的买卖中获得 1 美分的利润。15 年后，牛肉可以销售了，在任何利息水平上，鲜牛肉销售都可以带来更多的收益。但是，这对过去一天宰杀 50 头水牛的猎户来说，没有任何好处。他不可能宣称对一头水牛拥有产权，并拥有在 15 年后出售它的后代的权力。

鲸鱼和电力，水牛和供水，都是这个社会的稀缺品，但是只要还存在，它们对于个人来说就是“免费”的。从小的方面来说，如果 6
个商人进餐时要求侍者将所有费用都写在一张支票上，这种现象就会 *133*
发生。他们为什么会为了集体节约 6 美元而吃汉堡，而如果点牛排，点菜者只要多付出 1 美元？若宴会提供免费饮料，人们往往会喝得更多，而每个人的花销是在最后来计算的；相比于他们能支付的来说，这种方式通常能使人们消费得更多，而宴会通常也会推荐这种方式。但是，俱乐部经理将告诉人们，每个月的饮食开销只需要所有成员平均分摊，这将是毫无道理的。

【注释】

［1］茅利斯·S·巴特莱（Maurice S. Bartlett）在《流行病学》（Epidemics）一文（见 *Statistics：A Guide to the Unknown*，eds. Judith M. Tanur and Frederick Mosteller，Holden-Day Inc.，1972，pp. 66～76）中，明确地给出了研究麻疹流行病的一个基本模型，以及对于不同城市之间数据的比较结果。

［2］参见 J. Maynard Smith，*Models in Ecology*，Cambridge University Press，1974，chapter 5，“Competition”；Kenneth E. Boulding，*Conflict and Defense*，Harper and Brothers，1962，chapter 6，“The Group as a Party to Conflict：The Ecological Model”。

［3］参见 George A. Akerlof，The Market for “Lemons”：Quality Uncertainty and the Market Mechanism，*The Quarterly Journal of Economics*，84（August 1970），No. 3。

［4］根据鲁塞尔·L·亚当斯（Russell L. Adams）在《伟大的黑人，过去与现在》（*Great Negroes，Past and Present*）（California State Department of Education，Sacramento，1973）中的记载，格雷特·A·摩根（Garrett A. Morgan）在 1923 年发明了“自动的禁行标志”，并将专利权以40 000 美元的价格卖给了通用电气。

第4章

分类与融合：种族与性别

可以根据多种方式和方法区分人们。137
人们会因性别、年龄、收入、语言、宗教信仰、肤色、个人偏好以及由历史偶然性所决定的地域位置而被分隔成不同类别。有些分隔是来自于组织的活动；有些分隔则是人为的故意安排；有些分隔是由带有某种偏好色彩的个体选择的相互作用所决定的；有些分隔是由于特殊化的交流方式所决定的，比如语言；而有些分隔则是另外一些分隔模式的结果，比如居住地与工作地点和交通工具密切相关。

假设黑人不允许白人参加他们的宗教活动，或者白人不允许黑人参加他们的宗教活动，这将会导致分隔，而这种分隔可能是相互的，也有可能是单方面的。如果黑人恰好是基督教新教徒，而白人恰好是基督教卫理公会教徒，那么不管他们愿意与否，这两种不同肤色的教徒都会在礼拜天早上分开。如果黑人觉得与相同肤色的人在一起比较融洽而选择去黑人的教堂做礼拜，而白人出于同样的原因都去白人的教堂，那么这种不受指导的个人自愿的选择将会导致分隔。另外，如果教堂的公布栏是人们公布租房信息的地方，那么黑人和白人将分别只从相同肤色的人那里租住房屋，因为他们的沟通系统与教堂相关，而后者又与肤色相关。

大学教授们也因相同的机理而被分隔。大学可能拥有只供本校教职员工使用的住房，教授们依据各自的收入情况选择住房条件。住房以不同的价位被分成不同的群落，而教授们也以不同的收入情况被分成不同的群落。有些教授偏爱比较学术化的居住环境，教授密度的差别都会使他们趋向集中，并增加当地的密度，使这些地方的学术氛围更浓厚，并吸引更多的教授。那些寻找心仪住所的教授们从同事及其配偶那里了解不同类别的住房，而他们想了解的住房自然也是教授们密集居住的地方。

138 相似性到此为止，没有人会试图建立一个委员会以将学者们分开。教授们不会去怀念那些在住房选择上与自己并不一致的同事们；他们也不太会被与自己同住在一个社区内的教授们所注意；而且虽然他们从比例上看比较集中，但是通常还是属于社区内的少数派。虽然他们确实会远离那些他们不喜欢的而又住在一起的人，但是他们往往更注意到自己身居何处，而不去关注他们并不居住的地方。他们的积极选择与其说是一种分隔，不如说是一种聚集，尽管从选择的结果来看，两者并没有太大区别。

本章即致力于研究由歧视性的（discriminatory）个体行为所导致的分隔——或称其为分离（separation）、分类（sorting）。我在此处所提到的“歧视”，反映的是对性别、年龄、宗教信仰或肤色或任何其他组成分隔基础的因素的一种有意识或无意识的认知，它是影响在何处居住、与谁同席而坐、选择或避免何种职业、与谁合作以及与谁交谈等行为的一种认知。本章将研究导致**集体**（collective）分隔的**个体**（individual）的行为动机和**个体**对差异的感知。本章还将研究，在多大程度上能从实际上的集体分隔中导出关于个人偏好、个人偏好的强弱，以及个人偏好影响集体分隔的机理等的推断。

这里主要研究在美国由“肤色”所引起的分隔。这种分析虽然显得有点大而不当，但是有关任何一种特征的两种划分都可以构成一种分类，比如白人和黑人、男孩和女孩、军官和士兵、学生与教职员工，等等。本章的分析只需要这样一种两重的、详尽的和易于区分的分类。（当然，肤色既不是一种一分为二的分类标准，也不是一种一维的分类标准，但是从传统分类法来看，这种分类基本上是一种“一分为二”的方法，即使在美国的人口普查数据中也是如此。）

至少有两类分隔过程不在这一章的讨论范围内。一类是有组织的行为过程——合法的或不合法的、强制的或排外的、微妙的或明目张胆的、公开的或隐蔽的、善意的或恶意的、追求道义的或是追求实惠的。另外一类是在很大程度上而又并非完全地由经济因素所决定的过程，比如在哪里工作、居住、餐饮和休闲、与什么人相知相交、与什么人约会以及与什么人一起上学，穷人与富人分隔、受教育不多的人和受过良好教育的人分隔、无技巧的人与有技巧的人分隔、穿一般衣着的人与穿戴良好的人分隔。很明显，肤色与收入相关，而收入与住所相关，因此，即使在对住所的选择上不受肤色影响，也不受某种有组织的歧视行为的影响，白人和黑人的住所也不可能是随机的自由分布。 *139*

要想将“个体驱动”的分隔与有组织的分隔或由经济因素所引致的分隔区别开来并非易事。习俗和传统可以替代组织的分隔作用，对惩罚的恐惧会强迫人们的行为，不管这种恐惧是否合理，或者恐惧是否是一致的共谋，或是来自别人授意的。共同的预期将会导致协调一致的行为。

由经济因素引致的分隔也一样与歧视行为相关联。选择居住社区即选择邻居。比如说，选择一个拥有良好教育环境的居住社区，即选择了想送孩子上好学校的邻居们。即使是在做经济决策时，人们也可能依赖歧视肤色的信息，即相信较深肤色的人群平均来说比较浅肤色的人群要贫穷，人们可能有意识地或者无意识地将肤色作为判断贫富水平的指标，或者相信其他人也会将肤色作为判断贫富的指标。

由于诸多原因，个体驱动的、由集体实施的和由经济因素引致的分隔并非泾渭分明的分隔方式。同时，它们也并不代表分隔的所有机理。单独的或者专业化的沟通交流方式——尤其是不同的语言——能产生强大的分隔作用，尽管语言与上述三种分隔方式共同起作用，但是毫无疑问的是，它的确是一种不同的分隔方式。

个体激励和集体性的结果

140 经济学家们都知道，某些系统通常会产生个体既不想要也无意识的集体结果，有时这些结果没有明显对应的个体行为。由商业银行制造的货币就是一个例子，由个体的储蓄行为所导致的经济萧条或通货膨胀也是一个例子。

生物进化导致了大量的分类和分离，但与此同时，微小生物之间的交配、繁殖和生息也带来了生物物种的分隔、地域的分离以及物种的灭绝。在人类社会生活中，第二语言的存在或消亡即是这样一种现象。它虽然受政策法令和学校课程安排的影响，但是并不是有意识的集体选择的结果。

正如本书第 1 章所云，恋爱和婚姻纯属个体的行为，至少在美国是这样，但是，它们形成的基因后果却具有根本性的集体性。法律和教会也许会限制我们对恋爱和婚姻的选择，某种传统习俗上的分隔更是势力强大，但是除了皇室的婚姻以外，很少婚姻是基因计划的一部分。倘若一个矮个子男士娶了一位高挑的小姐，或者一位金发碧眼的小姐嫁给了一位肤色黝黑的小伙子，他们的初衷肯定不是为了增加基因的随机性或者是改变人口中的某些频率分布。

一些分隔现象和个体选择的动态过程一样复杂。有人或许会猜想，有一双“看不见的手”将人们以某种形式分开，而这种形式既不是人们的预见，也不是人们的设想，它只是符合某种一致的意见、集体偏好或者公众意愿。但是我们从经济学的知识中知道，很多宏观现象，比如经济萧条或通货膨胀，并不反映任何公众对于更低收入水平或者更高价格水平的一致渴求。这个道理对于银行破产或者市场滑坡现象同样适用。小储户的“心思”与他们是否导致经济萧条几乎毫无 141
瓜葛。在一个分隔的社会里，广大人民的心思、动机和习惯跟他们作为一个集体所造成的巨大后果之间并不一定有必然联系。

对集体分隔的社会有效性加以怀疑的一个重要原因是，社会中每个人的选择范围通常都很狭窄。依据对美国几乎所有大都市的人口统计，很容易找到都是白人或者基本上都是白人的居民区，以及全是黑人或者几乎全是黑人的居民区，但是却很难找到那些白人或黑人都占不到（譬如说）3/4 的居民区。如果对一个地区每十年的人口分布进行一次比较就会发现，很少有地区能够在较长的时间内保持种族融合，以使一对夫妇能够安心地供完住房款或者让他们的孩子们一直上完中学。

一些数量限制

计算一个社区或者棒球队中白人和黑人的人数，并不能告诉我们他们之间相处得怎么样。但是它仍然能传达一些信息，尤其是当这些人数和比例能影响到迁入或迁出这个社区的人的时候，或者影响到这个棒球队招募的新队员的时候。对于数量分析，类似于经济学上的收支平衡表，我们需要一些逻辑意义上的限制。（作为逻辑意义上的限制条件，除非人们以前从来没有想到过它们，它们本身都并不包含任何新的信息。）

关于混合在一起的两个群体的最简单的逻辑限制是，在给定的边界限制内，并非两个群体都能够有数字上的优势。对于整个群体来说，二者的数字比例无论在什么时候都是固定不变的；但是对于某一个地区而言，比如在一个城市、一个社区、一个教堂、一个学校或者一个餐馆，白人或黑人二者都可以占大多数。但是如果二者都想在局部占大多数，那就只有一种混合结果可以使他们都满意：完全的隔离。

142 如果放宽这一限制条件，即如果白人要求至少占人口的 3/4，而黑人要求至少占人口的 1/3，那么这种人口分布就是不可行的；如果白人要求至少占人口的 2/3，而黑人要求不少于人口的 1/5，那么就会存在一系列的组合满足这些条件，而且如果总体的人口比例不在这些分布内，那么就不是每个人都可以存在于这样的组合之中。

在空间分布中，比如邻里社区或者医院的病房，每个人都和别人毗邻。在一个社区中，可能有 10%的白人或黑人，但是假设你左右两边都有邻居，那么相反肤色的最小比率是 50%。如果人们用不同的方式来划定“边界”，那么就会使每个人都处于一个少数派中：在共进晚餐时，男士和女士相间而坐，从局部来看，每个人都以 2∶1 的比例被异性的人超过，但是如果他把对象范围扩展到两边的第二个人的话，他就成为占 3/5 的多数性别中的一员了。

分离的机制

对比例和混合的简单数学运算告诉我们，什么样的结果具有逻辑上的可能性，但是并不能说明导致某种结果的行为。为了理解何种分离或联合有可能由个体选择引起，我们很有必要弄明白形成不同分隔或者组合的过程。我们必须研究清楚个人动机，以及由这种动机所引起的行为，尤其是要研究组成社会的个人是如何相互影响各自的选择，以及如何对彼此的存在做出反应的。

白人和黑人，或是男孩和女孩，可能由于很多不同的动因或者标准而分离。可能仅仅因为白人就喜欢跟白人在一起，而黑人就喜欢和黑人在一起。换句话说，白人可能只是想刻意避免和黑人在一起，而黑人则刻意避免和白人在一起。白人可能喜欢和白人在一起上班，而黑人则并不在乎这一点。白人可能喜欢和白人在一起，黑人也喜欢和黑人在一起，但是如果白人能够在黑人无能力跟从的地方生活、饮食和交往，那么分离也会出现。 143

白人和黑人可能都不介意对方的存在，也可能都更希望融合，但是会尽可能使自己不变成少数派（minority）。除非是严格的 50％对 50％的情况，否则就没有一种组合可以自我持续下去，因为它们都会有一个少数派，而且一旦少数派出现分离，完全分离就会产生。如果白人和黑人都能忍受处在少数派的状态，但是为这种少数派的比例设定了下限，比如说 25％，那么一个群体中的任何一派一开始所占的比重如果介于 25％和 75％之间，那这种人群构成将能持续下去；如果少数派一开始所占的比重小于 25％或多数派所占的比重大于 75％，那么这个群体中的少数派将会逐渐消失，直至最后成为单一肤色群体。而这些离去的人群在加入他们作为多数派的人群之后，将会增加这个新的群体的多数派比例，从而会使另外一种肤色的人离开。

很显然，如果一个群体中对于能够忍受少数派的比例的心理底线更低一些，或者一开始就已经形成了彻底的分离，那么就不会有人离开自己所属的群体。这时彻底的分离将是一种稳态均衡。

分类和争先恐后

在道奇镇（道奇附属俱乐部春季集训所在地）的美国二级职业棒

球队员采用自助形式就餐。“队员们可以随意入座”，总经理说，“我们是有意这样设计的，如果一个白人队员不想和别的肤色的队员坐在一起吃饭，他可以出去自己买饭吃。这样做迄今还没有出现任何麻烦。”[1]

一级职业棒球队员们在就餐时并不一定要在指定位置就座；尽管白人和黑人混合而坐的桌子也不少见，但也并不是必须要这样做。如果我们假定一级和二级职业棒球队对于种族的态度差别不大，那么我
144 们可以得出结论，在餐厅里的种族倾向还是存在的，不过这种倾向弱于就近就餐的倾向。

事实上，还存在另外一种选择：白人和黑人运动员也可以在排队就餐的时候，就站在与自己肤色相近的队员旁边，这样在他们端起盘子入座以后，就会“无意”中跟与自己肤色相近的队员坐在一起了。但是很显然他们没有这样做。试想一下，如果他们要这样做的话，那就必须设定一种排队方法。也许我们可以依此得出结论，尽管对肤色的偏好可能会使队员们在就餐时分隔开来成为一般规则，但是其力量还不至于强大到使队员们在拿到饭前就愿意花费精力来接近与自己肤色一致的人。或许我们也可以这样说，即队员们会预先制止就餐时插队的行为，以使其不能成为一种寻找座位的手段。

不过，即使是二级棒球职业运动员们也应该提前几码就知道，是否前扑就可以把球队的比分提高。很难想象，如果一群队员们想坐在一起就餐的话，他们不会想到在排队前就聚集到一起；同样的道理，也适用于因肤色而导致的分离。

当然，我们也可以有另外一些假设。一种是队员们消除对肤色的敏感，随意就座；另外一种选择是，队员们可以忽略、接受甚至喜欢不同肤色的人混合而坐，但是当一个圆桌上的某种肤色过于一边倒时，他们会变得不舒服，或者会认为同桌的队员们不舒服。在一个有6个白人或是黑人在座的桌子旁就座本来是一件很随意的事情，但是如果新来的第7个人跟他们的肤色不一样的话，这种差异就会使每个

人心中产生一种异样的自我认知，因而，会打破餐桌上融洽的气氛，从而形成彻底的和持久的分隔。

举办鸡尾酒会的女主人们肯定熟悉这样的尴尬局面。在酒会上，先生们和女士们随意地站在大厅里对话，气氛很友好，但是如果某种随机的原因，或者可能由于一些男士或女士在某个专门话题上聊得太久，就会形成男士或女士分别扎堆的现象。这样，选择性活动就会导致类似于道奇职业棒球队餐厅就餐那样的鸡尾酒会。有经验的女主人掌握了类似于二级职业棒球队员餐厅排队的规则：她们会让不同性别的来宾在餐桌上轮流就座，或者牵着来宾的手臂以使他们在酒会上来回走动，或是为来宾们沏上咖啡，让他们自助取走，从而打破这种性别分隔。 *145*

不过有时候事情恰恰相反。在飞机上和其他封闭的公共场合，将瘾君子和不吸烟者分隔开来是一件好事；出于安全考虑，将游泳者和冲浪者分隔开来通常是很有必要的；在公路上，让行驶速度较慢的机动车靠右边行驶也是很有必要的。这样的二分法很多是不对称的：抽雪茄的人很少影响到不抽烟的人；冲浪者不希望自己的甲板撞到别人的头上，而有的人则更不希望如此；在公路上，当一辆慢速行驶的卡车超车时，这辆卡车的司机对于他后面的车的认识，肯定不如后面的车的司机对于他的车的认识。不同的人行为方式也不同：冲浪者们喜欢挤在一起，并在没有规章制度约束的情况下一起冲浪；冲浪爱好者喜欢分散性的和运动性的运动；而且很少能跟游泳爱好者分享水域。

这些分离、分隔、共享、混合、分散甚至追逐等过程，有一个共同的特点：尽管这些过程的后果是总体性的，但是对它们的决策却是完完全全由个人做出的。那些尽量避开冲浪运动员聚集的海滩的游泳者们，以及那些聚集在冲浪滑板数量较多的地方的冲浪者们，对环境会作出个体反应，而环境又是由那些做出同样反应的个人组成的。这种结果可能是无意识的，甚至是不被觉察的。不吸烟的人们可能会聚集在列车上较少有人吸烟的车厢；当这些车厢变得比较拥挤时，那些瘾君子就会选择到人较少的车厢吸烟，不管他们是否注意到，也不管他们是否喜欢，他们会发现他们在一个不太拥挤的地方，集体吞云吐雾。

更为重要的现象当属对于居所的选择以及其他诸如职业选择、城市之间的迁徙、学校和教堂等相关选择，在这里，分离和组合涉及具
146 有持久影响的关系。那些在道奇镇就餐的二级职业棒球队员们，他们没有像在自助餐厅排队那样的机制来选择他所居住的家庭住址；即使他们的住所是随机分布的，他们中的白人和黑人也不会随机地混住在一个住宅区中，因为这种混住的居民区很少存在，而且对于白人或是黑人而言，他们对于住房的选择一般情况下也是要么在白人区，要么在黑人区——除非连这样的选择权都被限制。

要从那些集体选择现象中得出驱使个人做出各种决定的动机是什么，以及这些动机有多强，并非易事。飞机上的瘾君子也许并不知道坐在他前排的乘客对烟草味很敏感；滑水者可能很愿意呆在离岸四百码的海面滑水，如果不用给其他滑水者留出最佳滑道的话。在鸡尾酒会上的先生们和女士们可能也厌倦了在同一性别的人群里扎堆，他们都希望女主人能将这种僵局打破，但是如果没人组织，任何人都不能做什么。那些喜欢在英语和法语双语环境下工作的人士，如果发现自己所说的语言正好是某个工作环境中较少使用的语言时，他们会感到很不自在；而他们一旦有了抽身而出的念头，就会恶化这种情形，使自己最后不得不离开这个工作环境。

如果人们经常会做出“极端化”的选择，比如选择一个都是白人或者都是黑人的居住社区，选择一个都讲法语或者只讲英语的俱乐部，选择一个很少白人或者很少黑人的学校，等等，而经常以这样的方式进行选择又会进一步强化这种极端特性。他们这样做并不表明他们喜欢被分隔，而只是因为在分隔已经存在的前提下，人们只能在非此即彼的人群中做出选择。人们更喜欢跟与自己相似的人而不是不相似的人在一起。

这种选择的机制并不都是让人一目了然的。在这个过程中，可能有连锁反应、被夸大的感知、滞后的反应、对未来的预测以及或成功

或失败的组织力量。三个具有同一特征的人可能会单方面解除房租合约、搬出公寓而没人察觉；但是如果他们在同一星期搬出来，那么就会有人注意到这一点，并且加以评论。社区里的其他居民就会很警觉地注意看看是白人、黑人、老年人，还是有小孩的家庭或无小孩的家庭在搬走，从而形成他们认为他们预知过的少数派状态。 147

这种少数派的形成过程可能是消极的、系统的或者是无意之中完成的，但是不管怎么说，它可能不是不偏不倚的。如果公司里空缺的职位通过口头方式招聘，或者公寓里的住房都由大楼里住户熟悉的人居住，或者男士们只娶自己认识的女士，而自己只认识讲同一种语言的女士，那么一种带有偏向性的沟通系统就会形成，从而强化某种已经起主导作用的同质性。

一个自我形成的邻里模式

有些少数派的形成机制很容易被读者观察到，只要他有半个小时的空闲时间，一卷角币和一卷分币、一个桌面、一大张纸、一种探求科学的精神，或者，即使他缺乏这种精神，但只要有对游戏的热爱精神也可以。

取一卷分币和一卷角币，在这一大张纸上画好格子，每个格子为一平方英寸的小正方形，最好是每一个正方形至少和棋盘的格子一样大（8 行 8 列，划分出 64 个小正方形），然后找出一种随机选择方格的方法。我们可以将一些一分硬币和一角硬币放入其中的方格中，并假设这些一分硬币和一角硬币分别代表两种同质的人群：男人和女人、黑人和白人、说法语者和说英语者、军官和士兵、学生和教职员工、冲浪者和游泳者、衣冠楚楚者和衣着不整者，或者是任意一种二分法分出来的完全易于辨认的人群。我们可以将它们随机摆放或是按照预想的方式摆放在方格中。我们也可以拿同样多的一分硬币和一角硬币，或者让其中一种数量较多而另外一种数量较少。我们也可以设定各种不同的对单个硬币的摆放规则。

比方说，我们可以假定，每一个一角硬币都希望摆在它旁边的至少有一半也是一角硬币，而每一个一分硬币都希望摆在它旁边的至少有 1/3 也是一分硬币，如果任何一个一角硬币和一分硬币旁边的“邻
148 居”不满足这两个规则，就将这些“邻居”拿走。这样，我们按照这个规则进行排列和摆放，拿走不合格的，进行重新摆放，直到最后在棋盘上的所有硬币都符合规则，这时让我们来看一下结果会是什么样。（当然，最终结果不会出现，那就观察一下我们的假设带来了什么样的无休止的动荡或循环往复。）

我们定义，每一个硬币的“邻居”为围绕它的 8 个硬币，这样，每个硬币都居于一个 3×3 正方形的中心。这个位于中心的硬币对于自己“邻居”满意或者不满意，取决于它 8 个“邻居”的“肤色”是否符合前面所讲的规则，当然，有些格子可能是空的。我们可以进一步认为，如果某一枚硬币对自己“邻居”的颜色并不满意，它可以选择就近移到一个没有被其他硬币所占据的、符合它的要求的空缺里面。

至于移动的次序，我们可以让最接近棋盘中央的“不满意”的棋子先移动；或者让棋盘最左上角的硬币先移动，然后再逐步往右下方移动；或者让一角硬币先移动，再让一分硬币移动。我们会发现，通常而言移动硬币的次序并不重要。

然后我们选择一分硬币和一角硬币的比例，这两种颜色可以一样多，也可以是其中一种多而另外一种少。我们可以采用两种不同的方式来分配这两种硬币：我们可以按照我们想检验的预想的固定方式放置硬币，或者随机地放置硬币。

假设我们有一样多的一分硬币和一角硬币，并且假设它们的要求都很“温和”：它们都只要求 1/3 以上的“邻居”和自己一样，而“邻居”的数量可以是从 0 到 8 的任意一个数。我们的规则的详细说明如下：如果某个硬币只有一个“邻居”，那么这个“邻居”应该和

它的颜色一样；如果它有 2 个“邻居”，其中至少有 1 个和它一样；如果有 3 个、4 个或者 5 个“邻居”，那么就应该至少有 2 个“邻居”和它的颜色一样；如果有 6 个、7 个或者 8 个“邻居”，那么就应该至少有 3 个“邻居”和它的颜色一样。

我们最终有可能达成一种使各个硬币都得到“满足”并且有规则地“整合”在一起的排列模式。图 4—1 给出了其中的一种间隔排列模式，值得注意的是它的四个角落的颜色。

```
  #O #O #O
 #O #O #O #O
 O #O #O #O #
 #O #O #O #O
 O #O #O #O #
 #O #O #O #O
 O #O #O #O #
  O#O#O#
```

图 4—1

在这个图中，除非是移到 4 个角落去，否则，没有哪个硬币能够 149
移动了，因为除了这四个角落以外已经没有任何空缺的格子。现在我们把这些硬币加以混合，同时把一些硬币拿走，从而使硬币可以动起来。

在这个棋盘上，一共有 60 个硬币。先任意拿走 20 个硬币，然后，在这些空缺中任意挑选 5 个空缺，并随机地将一分硬币或一角硬币放入这 5 个空缺中去。这样，在这个有 64 个格子的棋盘上，有 45 个硬币和 19 个空缺。在这 45 枚硬币中，40 枚硬币的位置与我们移动 20 个“邻居”之前所处的位置相同，有 5 个是新加进去的。图 4—2 中左边的图显示了这样一种结果。“#”代表的是一角硬币，而“O”代表的是一分硬币。当然，我们也可以认为，“#”代表的是说法语者，而“O”代表的是说英语者；或者“#”代表的是黑人，而“O”代表的是白人；或者“#”代表的是男孩，而“O”代表的是女孩；或者任意一种你喜欢的分类方式。

—#—#O #—O	— — — # — # — —
# # #O—O #O	— — — — — — — —
—#O— —#O #	— — — — — — — —
—O #O #O #O	— — # — # — # —
OOO #OOO —	— — — — — — — —
#—# # #— —O	# — — — — — — —
—#O #O #O—	— — O — O — O —
—O—O— —#—	— — — — — — — —

图 4—2

150 图 4—2 中右边的图显示的是对自己的“邻居”不满意的 9 个硬币：6 个“#”和 3 个“O”，想离开自己的位置。而剩下的硬币现在很满意。整个棋盘上的两种硬币仍然是充分“整合”在一起的，甚至于不满的硬币周围也有一些跟自己一样的硬币，而且在满意的硬币当中大都有异类的“邻居”。这样看来，整个棋盘的格局并没有出现被强烈分隔的现象。在这个阶段，要全部隔离 # “邻居”或 O “邻居”是很难的，将 45 枚硬币中的 9 枚进行重新定位，让它们移动到 19 个空格中的某一个格子，以求达到使每一枚硬币都满意的效果。

任何一枚移动了位置的硬币都将留下一个可以由其他硬币来填补的空缺。与此同时，任何一枚移动了位置的硬币都会留下一枚或者两枚与它相同的硬币在周围；但这枚硬币移动位置时，它原来的“邻居”就会少一枚与它们相同的硬币作为它的“邻居”，从而可能会引起它们的“不满”。当一枚硬币移动到新的位置之后，都会有与它自己相同的“邻居”，在它自己的邻区增加一个类似于自己的“邻居”，但是也会给它的新“邻居”增加一个不同色的“邻居”。

我并非强烈地建议你亲手用硬币做这个实验。在这里我只能够给你演示一两个实验结果。电脑能为你演示成千上万次实验的结果，试验“邻居”的需求变化，对棋盘上的硬币比例的变化，邻里的变化，等等。不过，无论计算机如何聪明，总是代替不了你亲手做这样的试验，并观察其结果。在一个小时内，你可以重复几次，并试验不同的游戏规则，不同大小和形状的棋盘，而且可以根据需要（如果你把硬币的正反面也当成是硬币的一个特征的话），将角币分成不同的小组，并使它们对其邻里的颜色组成有不同的要求。

连锁反应

这一实验的发人深省之处在于它“没完没了”的过程。每一个选择新环境的人的离开都会对他原来所在的环境和他所进入的新环境产生影响。这是一个连锁反应。这种反应可能会在某个环节很快减弱，但是也有可能永无止境地继续下去，产生非常深远的影响。（当然，这些结果只是指示性的，因为我们当中很少人会生活在棋盘那样的格子中。） 151

图 4—2 所描述的格局所导致的结果如图 4—3 所示。我之所以说它只是“一个结果”，是因为我还没有对个人迁移的过程作详细的描述。如果读者自己亲自做一下这个实验的话，他也许会得到一个稍微不同的结果，但是一般结构不会相差甚远。图 4—4 则描述了通过另外一种途径由图 4—2 演变而来的一种结果，它与图 4—3 唯一不同的是移动的顺序。只要几分钟的时间就可以重复一次这个试验，人们很快就可以得到所期望的结果。如果改变邻里的要求和使用相当于分币两倍的角币，那么得出来的结果将会发生巨大改变；不过对于固定的硬币比例和硬币对邻居的需求，得出来的结果还是相对比较稳定的。

```
  # #   O # #
# # # O O O # #
# # O O     O #
# O   O   O O O
O O O # O O O
  O # # # O O O
    # # # #
O O         #
```

图 4—3

```
  # # # O     O
# # # O   O   O
# # O       O
  O   O   O   O
O O O # O O O
    # # # O O O
O # # # # # # #
O O       # # #
```

图 4—4

图 4—3 和图 4—4 中的所有硬币都处在一个满意的状态。相对于图 4—2 而言，它们被隔离的程度更高了，这并不只是视觉印象。在图4—2 中，所有“O”的“O”邻居和“#”邻居基本上一样多，尽

管有的多一些，有的少一些。有 3 个“O”对自己的“邻居”不满意。对于所有的“♯”而言，它们的“♯”邻居和“O”邻居比例是 1∶1，在棋盘左上角有一片“♯”比较集中，还有 6 个比较松散分布的“♯”对自己的邻居不满意。在图 4—3 的结果中，对于“♯”和“O”而言，它们的“相同的邻居”和“不同的邻居”之间的平均比
152 例是 2.3∶1，是图 4—2 中相应比例的 2 倍，是每一种格子所要求的比例的 3 倍！图 4—4 更是将这种隔离效果显示得淋漓尽致。图 4—4 中“♯”和“O”的“相同的邻居”和“不同的邻居”之间的比例是 2.8∶1，差不多是图 4—2 中相应比例的 3 倍，是每一种棋子所要求的比例的 4 倍！

另一个有意思的比较是看变化前后“♯”和“O”旁边“非同类硬币”的数量。在图 4—2 中，每一枚硬币旁边都至少有一枚与自己不同的硬币；而在图 4—3 中，有 8 枚硬币旁边没有和自己不同的硬币；在图 4—4 中，有 14 枚硬币旁边没有和自己不同的硬币。

我们可以从这些练习中得出什么结论呢？我们至少可以批驳一些思考，而这些思考本身是基于并不比棋盘更复杂的推理。那些开头就说“不言自明的是……”的陈述，有时可以由极为简单的现实所否定，也就是说，尽管它们可能是对的，但说是“不言自明的”并不确切。我们也可以因此而告诉我们自己，有一些机制会发挥微妙的作用，而且可观察到的总体现象也可能与“原子运动”的规律相符，即使这些运动与它们所决定的总体结果并不严格一致。

也许会有一些更意外的发现。如果我们提高一种硬币对“邻居”的要求，而降低另外一种硬币对“邻居”的要求，那会怎么样呢？图 4—5 显示了一种典型的结果。在这里，我们将“♯”所要求拥有的
153 “邻居”的数量增加一个，将“O”所要求拥有的“邻居”的数量减少一个，与图 4—3 和图 4—4 相比，在这样的要求下，“分隔”结果与图 4—3 和图 4—4 显示的基本一致。不同之处在于人口的分布密度：“O”分布得比较松散，而“♯”分布得比较集中。如果读者有

兴趣自己拿一些角币和分币来做一些这样的试验，那么就会发现如果两种硬币对“邻居”数量的要求是一样的，但是一种颜色的硬币数量是另外一种颜色的 2～3 倍，那也会得到与图 4—5 相似的结果：“少数派”的硬币趋向于分布比较密集。从图 4—5 我们也许可以得出推论，如果冲浪者对游泳者的介意程度超过了后者对前者的介意程度，那么冲浪者的分布就几乎是完全分散的，而游泳者们则会更紧密地聚在一起。

```
# # # # O     O
# # # # O O   O
# # # #     O
  O # O O O   O
O O O  # O O O
       # # O
     O # # # O
   O   O # # #
```

图 4—5

这是“分隔”状态吗？

读者可能会问，是什么样的个人偏好导致从图 4—2 演变为图 4—6 的结果呢？

```
  # #     # #
# # #   # # #
# # O O O # O
  O O O O O O O O
O O O  # O O O
  O # # # O O O
  # # #   O O
  # #
```

图 4—6

在图 4—6 中，对于所有的“♯”和“O”而言，在它们的“邻居”中，相同的硬币与不同的硬币之间的比例比 3∶1 稍高一点；有 6 个“O”和 8 个“♯”没有跟自己颜色不同的“邻居”。这显然是一种分隔状态；但是，如果按照我的逻辑来思考的话，我们也可能会说 154 这是一种聚集过程，因为给予图 4—6 中的“♯”和“O”的行为规则，就是不管存不存在相反颜色的邻居，每个格子都移动到有三个邻居时为止。这样的一种个人动机与形成图 4—3 和图 4—4 所示格局的个人动机是非常不同的。但是，从总体上来看，我们却很难辨认出究竟是什么动机形成了图 4—3 和图 4—4 那样的格局，是通过什么过程形成了图 4—6 那样的分离模式。但是这些动机和过程确实重要！

这种展示给予读者的第一印象可能是——除非读者认为这个问题跟自己无关——令人沮丧的。避免自己成为少数群体的一种良好初衷，却使得接近混杂而居的状态被打破，从而造成了更大程度上的分隔局面。如图 4—1 所示的一种人为安排的格局，一旦被一种小的随机事件扰动，就会脱离原来稳定的状态，而成为如图 4—3、图4—4、图 4—5、图 4—6 所示的分隔状态。而这些状态被证明是能够有效地抵御来自外部的连续扰动的。

然而，对于那些不愿看到分隔的人，尤其是对于那些因为在集体追求分割的过程中而形成了更大的分隔的人来说，希望可能还有。导致分隔的深层次的动机远远比我们所观察到的结果类型要简单。从图 4—2 中可以看出是什么导致了分隔的产生；后面的图示表明，一旦分隔的过程稳定下来，要恢复到使每个人都满意的“融合”状态有多么难。在图 4—2 中，只有 45 个人中的 4 个人有迁移的动机，如果我们能够劝说他们留在原来的位置上，那么所有的其他硬币也就没有问题。事实上，可能有比较愿意动脑筋的读者会考虑，在图 4—2 中，也许只需要再给棋盘上增添几枚硬币，或者在棋盘上将原有的硬币做少许的调整，就不会使任何人想要迁移了。比方说，只要将两枚孤零零的“♯”放到第三枚孤零零的“♯”旁边，那么这三枚“♯”就都不再是孤零零的了。不过，第一枚硬币不会移动，除非它能得到保证：第三枚硬币也会跟它移动到一起。在没有协调或者没有任何规章 155 约束的条件下，三枚硬币都会朝着一个更大的相同硬币的聚集地靠拢，并且可能会抛下原来身边孤零零的“邻居”不管，而在它们到达的新聚集地，肯定会使得附近的该种颜色的“邻居”数量超过另一种颜色的“邻居”。

有界邻里模式

现在让我们改变“邻里”的定义，转入另外一个模型。在前面讨论的模型中，“邻里”是从每一“邻居”本身的位置出发来定义的。现在，我们改变一下定义方式，将“邻里”定义为具有共同概念即边界。每一个人要么在这个“邻里”边界内，要么在它外面。每一个人都关心在这个“邻里”范围内的颜色比率，但是并不关心“邻里”的颜色的分布状况。这样，在“邻里”范围内的“居住”即可以被解释为在工作上、办公室、大学、教堂、选区、餐馆或是医院里的一种成员身份或参与。

在这个模型中，每一个人，不管是白人还是黑人，都愿意住在某一区域内，除非在该区域内的相反肤色的人口比例超过了某一个临界水平。每一个人，不管是白人还是黑人，都有他自己的心理临界水平(或者称“容忍度”，有时候我这样称呼这一概念)。如果不同肤色的人员的构成比例超过了某个人的临界水平，他就会离开这个地方，去另外一个地方。在那里，跟他肤色相同的人口比例占了大多数，或者在那里肤色根本就不重要。

我们应该认识到，“容忍度”只是一个相对的测度，对于不同的地点，“容忍度”是不一样的。在某个地方的白人对黑人的“容忍度”可能比不上其他地方的白人，但是可能对其他地方上的黑人的“容忍度”更高。

很显然，黑人和白人对对方的“容忍度”必须是相互协调的，它们之和至少应为 100%，否则双方就不可能和谐地共存下去。同样，

很显然，如果没有人能够忍受极端的肤色比例的话，那么一个从一开
156 始就由某种肤色的人占据的地点就会永远保持那种极端的状态。除非有相当数量的少数群体达成了共识，并且同时进入到一个不同肤色的人群中，否则没有哪个人愿意单独行动，做出头鸟。

我们可以做一个关于频率分布的实验来考察“容忍度”所导致的结果。（我们不能用真实的频率分布来做实验，因为人口分布依赖于其所在的地区，而我们并不知道所要研究的具体地区。）我们所要做的就是观察某个地区内入住的情况或居住情况：是白人，还是黑人，抑或他们混合居住，并要找出能够将这种肤色构成比例的变化跟“容忍度”、初始的职业以及运动的动态过程联系起来的规律。

我们假设，所有人的偏好都是统一的：每个人对自己周围的肤色构成要么并不在乎，要么在乎，这样，就会在心理上存在一个对不同肤色在本地区出现的一个上限，只要不超过这个上限就会使得他能够继续待在这个地方，而不是选择离开。但没有下限。没有人会选择成为所在人群的少数群体，更没有人会因为某个环境中不同特征的人没有好好融合在一起就选择离开。绝对的人口数量并不重要，只有人口比例构成才重要。在这种混合中，也不存在个人的处境：没有人靠近群体的中央，或靠近群体的边界，也没有人有一个紧挨着的“邻居”。

为了研究这个群体的动态性，我们假设，不断有人离开，也有人返回。（有一个限制条件：如果对某一个地区的偏好仅仅是因为在这个地区已经有一些相同特征的人在居住，而且离开这里的成本较高，那么离开这里之后如果再返回，也不能追回离开所带来的成本。）人们离开是因为这里的肤色比例超出了他们的心理底线；而有人要进来是因为这里的肤色比例没有超出他们的心理底线。

我们还假设，信息是完全充分的：每一个人在做出决策时都了解当地的肤色比例。但是人们无法知晓其他人的行为愿望，也无法预计未来该地区的人口周转率。因此，我们还需要做出一个略显模糊的假设，假设有两个对本地区的肤色构成不满的白人，那么不满程度更高

些的同时也是“容忍度”更低的那个白人肯定会选择首先离开这里。这样，留下来的白人的“容忍度”肯定高于任何外部的白人；同样，这个推论对于该地区的黑人也成立。“容忍度”最低的白人们首先离开，而“容忍度”最高的白人首先进入，同样的道理对于黑人也成立。 157

我们最初使用的数据是有关两种肤色人群“容忍度”的累积频率分布。我们可以对不同的分布做实验，不过对于刚开始做的这个实验而言，我们使用的是直线分布。

关于“容忍度”分布的描述

对于白人而言，横轴代表白人的数量，而纵轴则代表白人的“容忍度”，即他们能忍受的黑人对白人的最高比例。假设白人总数为 100 人，“容忍度”位于中值的白人愿意和同等数量的黑人居住在一起，这意味着，这 100 个白人里面有 50 个人能够容忍黑人和白人的比例为 1∶1* 或者更高。最能容忍的人能接受的比例为 2∶1（也就是说白人愿意成为只占人口 1/3 的少数群体），而最不能容忍的白人则不希望有任何黑人出现在自己居住的环境内。这样，白人“容忍度”的累积分布就如图 4—7 左边的曲线所示。它是一条直线，上面的端点代表的是 2∶0 的“容忍度”，而下面的端点代表的是 100 个白人组成的一个纯肤色的群体。

假设黑人的“容忍度”分布和白人的完全一样，唯一不同的是黑人的总人口只有 50 人。

在这种情况下，至少有一部分黑人和一部分白人能够和睦相处。100 位白人里面有 50 位白人愿意和这 50 位黑人住在一起，尽

---

* 原文为 1∶0。——译者注

管这50位黑人并不都愿意和这50位白人住在一起。但是，25位白人和25位黑人能融洽地住在一起。有10位黑人的“容忍度”为1.6：1，也就是说他们能和16位白人融洽地住在一起；那么差不多80个能够容忍黑白比例为10：16的白人中的任意16个都能和这10个黑人融洽相处。为了探究能达到融洽混居的所有可能组合，尤其是为了研究不同肤色的人进入或离开该群体的动态过程，我们有必要将“容忍度”的比例转换为绝对数量，并把它们放在同一图表中进行分析。

“容忍度”数据的图形转换

158 这个转换结果在图4—7中右方的曲线中得到了体现。曲线W是对白人“容忍度”的图形转换结果。对于在横轴上每个白人人数，他们能够容忍的黑人人数，等于他们自己的人数相对应于“容忍度”图表上的数字。50个白人能容忍同等数量的黑人；75个白人能容忍有他们一半的黑人，也就是37.5个黑人；25个白人能容忍有他们1.5倍的黑人，也就是说37.5个黑人；90个白人能容忍有他们1/5的黑人，也就是18个黑人；20个白人能容忍32个黑人；依此类推。

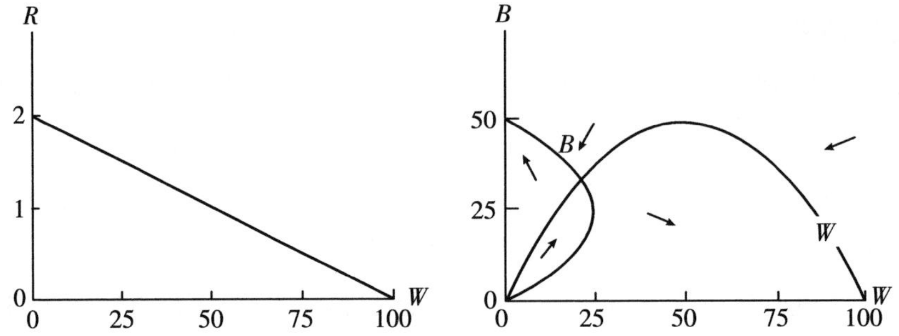

图4—7

159 这样，我们就将图4—7中左方的直线容忍度转换成了右方的抛物线。在曲线上，白人数量和其所能容忍的黑人数量建立起了一一对应关系。（经济学家们会发现，这样一个由累计频率分布图转换成容忍人数数量图的过程，与由需求曲线转换成厂商的总收入曲线的过程是完全一样的。）通过类似的方式，可以将黑人的容忍度转换成其能容忍的白人人数，从而得出一条较小的曲线，得到了图 4—7 中右面的开口朝向纵轴的曲线。

在图 4—7 中右方的两条曲线覆盖区域的交叉部分中的任意一点，代表了一种可以和睦共处的白人和黑人的人数组合。在这些组合下，该数量的白人能够容忍该数量的黑人，而该数量的黑人也能够容忍该数量的白人；位于 W 曲线下方和 B 曲线右方的所有点，都代表所有白人达到了满意的状态，而并非全部黑人达到了满意状态（有一部分黑人能达到满意的状态，但肯定不是全部）；位于两条曲线之外的任意一点，也就是位于两条曲线右上方的任意一点，代表无论是白人还是黑人都没有达到全部满意的状态。两类人中的有些人将会感到不满意。

位移的动力

正是位移的动态过程，决定了某个区域最后居住的人群会是什么样的肤色组合。最简单动态过程是：如果在某个区域内居住的白人都对自己的邻里环境很满意，那么区域以外的白人在搬进来之后，也会感到很满意；白人们继续搬进来，只要这个区域内的所有人都感到满意，区域外的人只要搬进来也会感到满意。而如果在区域内一部分白人感到不满意，他们会离开这个区域；他们离开的先后顺序是由他们不满意的程度来决定的，所以留下来的白人肯定是最有“容忍度”的；当留下来的白人数量和黑人数量达到了某个比例时，就再没有人离开了，区域内剩下的所有白人都达到了比较满意的状态。黑人的离 160
开和进入过程也遵循相似的规律。

现在让我们用箭头划出图4—7中各个点的人口变化方向。在曲线W和曲线B重叠的区域，白人和黑人的数量都会增加。在曲线W内部但是在曲线B外部的点，白人会进入这一区域，但是黑人会离开，这个过程反映为该点向右下方运动，直到区域内全部黑人都离开，而且全部白人都进来。在左上方，即曲线B的内部和曲线W的外部，黑人数量会增加，而白人会离开。这个过程一直持续下去，直到所有的白人都离开，以及所有的黑人都进来。在曲线W和曲线B以外的右上方的点，白人和黑人都会选择离开，直到这个点移动到某种肤色的曲线*以内，然后，另外一种肤色的人口数量的继续减少会改进在它自身曲线以内的比率状况，那些离开的人会开始返回，而另一种肤色的人口数量会完全降为零。

根据图4—7中的"容忍度"分布，只有两种稳定的均衡：一种只有白人而没有黑人，另一种只有黑人而没有白人。至于究竟会出现哪种均衡，则依赖于初始状态，或者还有白人和黑人的相对运动速度。如果一开始就有一种肤色的人口占了大多数，那么人口分布就会朝着使这种肤色的人口比例达到百分之百的方向运动。如果一开始两种肤色的人口都存在，并很满意，那么白人和黑人中哪一种肤色的人口迁入速度较快，就会导致另外一种肤色的人口开始对"邻里"环境不满意并迁出。如果一开始两种肤色的人口数量都很大，那么两种肤色的人迁出该地区的速度对比就会决定最后哪一种肤色的人对人口构成比例满意，使得人口迁移发生逆转，占据该地区的唯一肤色。

在图4—7中，曲线W和曲线B重叠的区域代表的是白人和黑人
161 都满意的混合状态。但问题是，这种人口组合会吸引外来人口迁入，使得一种或两种肤色的人口增加，之后就只有一种肤色的人口增加，最后会形成某种肤色的人口占主导的局面。此时该地区内的少数不同肤色的人们就会离开，当他们这样做的时候，他们就会进一步减少该

* 即白人的W曲线或黑人的B曲线。——译者注

肤色在该地区人口中所占的比例，从而使得留下来的该肤色的人口中有更多人不满意，于是，他们也会选择离开。就这样，少数派变得更少，最后的累积结果是使他们全部离开。

另外一些容忍度安排

前面讲的情形当然不是唯一的可能。出现的结果依赖于“容忍度”的分布和不同肤色的人口大小。刚才我们所得出的结果并不是因为黑人相对于白人数量较少：假设黑人的人口和白人的一样，我们最后所能得到的结果仍然是单一色的均衡。不过，如果曲线更陡一些，而且两种肤色的人口数量相同，那么，我们将可以得到拥有更大数量的两种肤色人口的稳定混合。

具体地说，“容忍度”位于中值的白人愿意和 2.5 倍数量的黑人居住在一起，也就是说，白人能够容忍居住在一个白人人口只占大约 30%的社区内。假设最有“容忍度”的白人能和 5 个黑人住在一起，而“容忍度”最低的白人则根本不愿意和黑人住在一起。那么“容忍度”曲线和纵轴相交形成的截距是 5。如果黑人的“容忍度”分布与人数和白人的一样的话，那么，由两者“容忍度”曲线转化而成的对等曲线如图 4—8 所示。

在这个图中，除了在 100∶0 和 0∶100 两点形成的稳定均衡之外，在 80∶80 处也形成一个稳定组合。事实上，在绝大多数初始情况下，通过黑人和白人的迁入和迁出，最后形成的正是这一 80∶80 的均衡。只要两种肤色的一半以上的人口存在——事实上只要两种肤色稍高于 40%即可——黑人和白人的迁入和迁出会使这个社区的人口比例最后变成 80∶80 的稳定组合。即使是对于两种肤色的初始人口非常少的情况来说，只要初始比例落在图 4—8 中两条曲线相交的 162
区域内（允许两种肤色的人口比例稍稍超过 4∶1），而且如果某种肤色人口的增加速度不至于比另一种肤色人口的增加速度快很多，那么

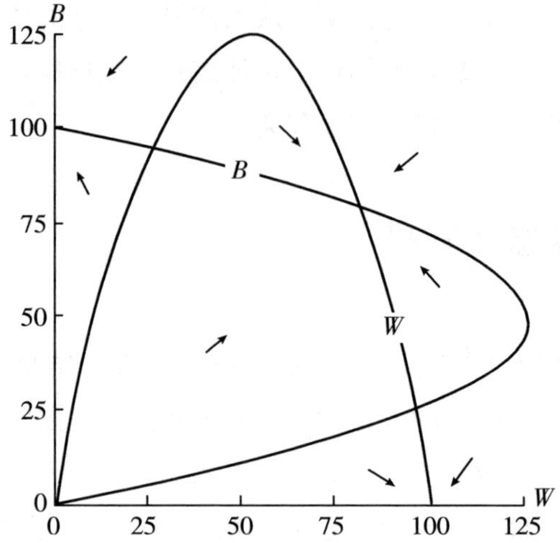

图 4—8

最后这两种肤色的人口比例就会趋于 80∶80。此外，如果该地区刚开始只有某一种肤色的人口，那么至少需要另一种肤色的人口同时迁入 25%或更高，才能最后形成这一稳定均衡。这样，这三种均衡状态——全是黑人、全是白人或者 80∶80 的组合比例——是稳定的，能抗拒较强的外来冲击。

另外一组数据

如果图 4—8 中某种肤色的人口超过了另外一种，比如白人是黑人的 2 倍或者相反，那么这种平衡就将被打破。在这种情况下，一条曲线就会存在于另外一条曲线内部，而不是与之相交，如图4—9所示。

限制人口的迁入有时候能够形成一种稳定的组合。如果这个区域内的白人人数被限制在 40 人，而“容忍度”最高的 40 个白人总是最
163 先进入、最后迁出，那么图 4—10 就可以用来代替图 4—9，来描述

这种情况。这里会形成一个稳定均衡，即 40 个白人和相应数量的黑人。然而，对于图 4—7 中的曲线，必须对两种肤色的人口迁移都进行限制，才能形成一个稳定的组合。

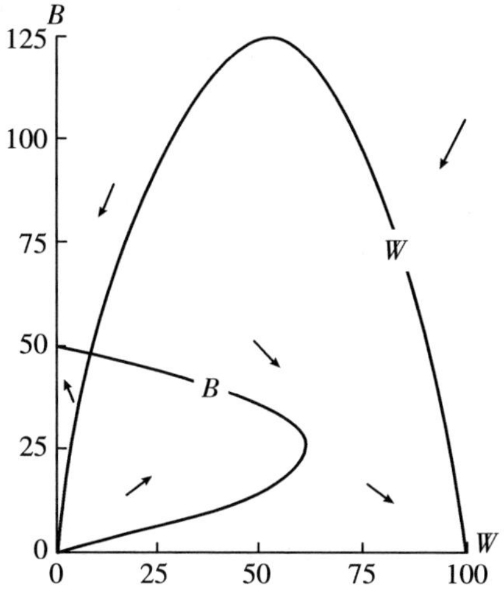

图 4—9

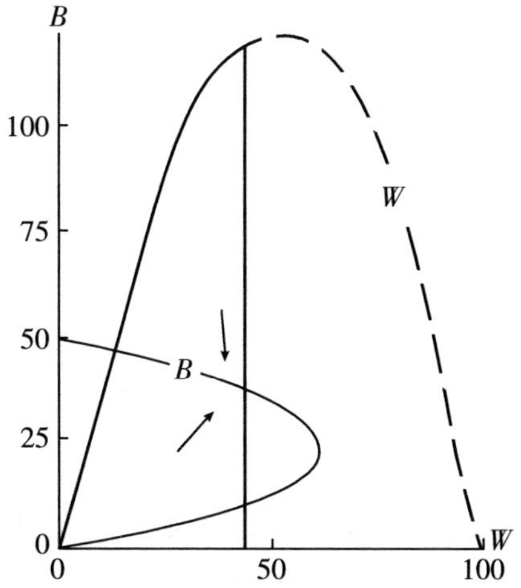

图 4—10

注意，限制白人的数量就等同于假设超过这一数量的白人的“容忍度”为零。不管那些没有“容忍度”的白人是被人排除出这个社区，还是他们自己将自己排除出这个社区，总之，他们的“缺席”，使得白人不能在数量上压倒性地超过黑人，并使得这种不同肤色的稳定组合成为可能。

因此，“更大的容忍度”并不总能增加形成稳定组合的可能性——尤其是当“更大的容忍度”仅仅意味着在某一个人群中，某种肤色的一些人口在统计上由其他更能容忍的人口所替代时。恰恰相反，在图 4—9 中，如果“容忍度”较小的 2/3 的白人被“容忍度”更小的白人所替代，那么白人的迁出就会使白人不会成为该社区中占绝对多数的人口。（如果我们使所有白人的“容忍度”都很低的话，这种情况就不会发生。）

164 很显然，我们可以对很大范围内的“容忍度”安排和不同肤色的人口进行实验。当然，我们不可能选择很多的组合来操作。本书所提供的方法很简单，而读者也可以根据自己最感兴趣的情况来做实验。（在画出绝对数曲线的形状时，逻辑上唯一的限制条件是，从原点出发的一条直线与一条曲线只能相交一次。）

种族融合论者的偏好

令人惊奇的是，这种分析结果并非因为每一种肤色的人都喜欢分隔居住，甚至并不取决于人们是否喜欢成为某个区域内的多数派！

为论述方便，我们假设每个人对相异肤色都有一个“容忍度”，如果肤色比例变得太极端的话，他就会选择离开。现在的问题是：假
165 设这些白人和黑人实际上都偏好混合居住，那么用我们得出的模型来研究这个问题，我们要怎样做才能刻画这一邻里偏好呢？

回想前面的分析，似乎我们已经做了相关分析，同一个模型表示两个不同假设。不仅如此，两个不同的假设前提可以得出同一个结果。

我们假定，人们更偏好于混居在一起，并且将容忍度重新解释为人口肤色的比例上限，在这个极限比例上，人们对融合居住的偏好，受制于他们极端的少数派地位或他们不适当的多数派地位。

同样的模型适用于两种不同的解释。结果既对研究融合偏好适用，也对研究分离偏好适用。对混合主义者和分离主义者的研究结论是一样的。（唯一的不对称之处在于，我们没有假设能够接受相异肤色的最低界限——也就是接受相同肤色的最高界限——是多少。）

政策和工具

以上分析对研究数量定额、比率定额或是数量限制对于某种混合的稳定均衡的可能性的影响一样适用，且对于研究协同行为也同样适用。两条曲线的交点可能形成一个稳定均衡，但并不能保证会产生这一均衡。通常情况下它与极端的单一肤色的稳定均衡是相对立的。当存在几种可能的稳定均衡状态时，初始的居住比例和迁移的速率会决定最后的结果。

从一种稳态均衡跳转到另一种均衡，常常需要强大的外部冲击，或者是协同的行动。通过协同一致的行动，人们能达到另一种均衡。166
（黑人和白人不可能同时成功地朝着不同的方向运动；无论哪种肤色的人，都有可能会朝着超过对方肤色的方向运动，但绝对不可能是两者同时发生。）

这一章所讲述的模型对解释现实生活中的现象有其局限性，因为它假定人们没有投机心理，没有行为上的时滞，没有有组织的行为，也没有误解。这个模型仅包括单一地域，而没有把更多的地域因素同时考虑在内。不过，我们可以将这个模型加以修正，用以将这些事实的因素考虑进来。[2]

【注释】

[1] 参见 Charles Maher，"The Negro Athlete in America," *The Los Angeles Times* Sports Section，1968-03-29。

[2] 对于这个方面的问题的更为深入和广泛的研究，请参见 Schelling，"Dynamic Models of Segregation," *Journal of Mathematical Sociology*，1 (1971)，pp. 143—186。

第5章

分类与融合：年龄与收入

假设一个组织内部的成员年龄各异，169
而且每一个人都关心其同事们的年龄。说得更具体一点，假设该组织内部的成员年龄在 20 岁到 70 岁之间均匀分布，而当该组织成员的平均年龄超过某一个人的年龄 10 岁，或是低于某一个人的年龄 20 岁时，这个人就不会在这个团队中继续待下去。一开始，组织内部的年龄平均分布在 20 岁到 70 岁之间，平均年龄为 45 岁，那么低于 35 岁的成员就会离开，同样，大于 65 岁的成员也会离开。那么，这个组织的规模和年龄分布是什么样的呢？

同样地，我们面对的是人们都会对自己所处的外部环境做出反应，而外部环境又是由相互反应的人们构成的。当人们做出这些反应时，他们又会影响到与他们有关的人的外部环境，并持续不断地影响。也就是说，每个人的反应，都会影响到周围的人所处的环境，而不管这种影响有多大。“反应”在这里指的是离开或者是被允许的进入或重返。反应的结果用总体表现、平均值和频率分布情况来描述。但是，除非个人能够服从组织的或者纪律性的选择，否则最终的结果都来自个人的决定。

分类与融合的模型

关于分类与组合或是分割与融合存在一些理想的模型。假设有一群人，他们中的每一个人都会对该群体中的某一特征做出反应，比如比率、平均数或者是百分比。我们可以假定这个群体中的个人对于该群体的特征具有某种偏好，来考察该群体中反应的动态过程。

我们对于这些模型的兴趣将来自于可能成立也可能不成立的两种情况。第一种是我们能够找出一个具有某些重要社会过程的模型，哪怕这种模型离我们非常遥远而且也非常抽象，或者仅仅刻画了社会过
170 程的一部分。第二种是，这些模型的结果并不是显而易见的，即结果与模型阐述之间的关系并不明显，从而使我们必须做出复杂的推理才能够知道这些结果。

离散的与连续的变量

在本章所研究的模型中的变量都是连续的。离散的变量包括信仰、语言、性别、“颜色”、国籍、政党，以及根据二分法所划分的文官和武官、教职员工和学生、医生和护士，等等。连续的变量包括年

龄、收入、智商、身高以及网球或桥牌的技艺。（在这里我之所以将“颜色”一词打上引号，是因为颜色本身是连续的，不过在美国，对于分隔现象来说，“颜色”更多的是指肤色，而且基本上是指黑白两种二分的肤色。）有一些连续的变量具有准确的定义并可以测量，比如年龄；而有一些连续的变量，就只能做一个大概甚至任意的定义，比如收入；也有一些连续的变量，只能排序，而不能被准确地衡量，可能或不可能用一个统一的尺度来计量，比如智商和网球球技；还有一些变量，即使在一个抽象模型中，也需要包括太多的其他方面来作为一个单一变量以对其做出一个衡量，比如“社会地位”。

离散的与连续的行动

除了要研究群体的特征，本章的模型还需要识别群体的行动。当我们谈论在居住地的邻里中因种族或者年龄而导致的分割时，我们不仅需要关于“种族”或者“年龄”的定义，同时也需要关于“居住地”和“邻里”的定义。我们可以研究一个这样的模型，即我的“邻里”和我邻居的“邻里”指的是一个概念，亦即“有界邻里”模型；我们也可以研究一个这样的模型，即我的邻居的“邻里”概念比我的“邻里”概念有扩展，虽然与我的有所不同，但在空间上是连续的，因此，“环境”一词的所指有可能是连续的，也有可能是离散的。而有些活动——比如联合、接触或者居住地——可以是“开/关”式的离散变 171
量，也有可能是在组成、频率和距离上可度量的连续变量。

限制性恒等式

最简单的例子莫过于研究一幢公寓楼、老人院或是邻里，并假设没有人愿意待在一个平均年龄比自己要大的地方。年轻一些的人会选择搬出去，从而使平均年龄上升；这时又有人比平均年龄小，所以也搬出去。最后，留下来的就是那些年龄同时达到最大的人。同样的情形会在网球俱乐部发生：球技最差的 10%的成员会发现这个俱乐部的会员身份对于他们来说并不具有什么吸引力。

这就是我们所要研究的限制性“恒等式”，即不能忽略的数学条件。对于任何一个人们可以借以排序或衡量的变量，在任何一个群体里，有一半的人会在变量中值以上；1/4 的人会在下 1/4 数值水平之下；不超过 10%的人会在上 1/10 数值水平之上。每个人的加入或离开都会影响别人在集体排序中所处的位置。如果超过平均水平的人离开，就会降低这个群体的平均值；而如果他们加入，就会提升平均值。

如果我们将一个群体一分为二，那么这两个新群体的加权平均值和整个群体的平均值应该相等。年轻人不会出现在那个平均年龄较大的群体内，年龄比较大的人也不会出现在平均年龄比较小的群体内，不管他们如何想有这样的安排。

这样的分组是否能让所有的人都满意，依赖于一种“开放式”的模型。在这种模型中，如果人们的要求没有得到绝对满足，他们可以选择离开。而在另一种“封闭式”的模型中，人们仅仅在有更好的环境吸引他们时，他们才会选择离开。我们会根据某种变量——比如说年龄——将人们进行排序，同时征询他们如何自我分配到两个或更多的不同分组（compartment）中，如邻里、组织，或者只是“分组”。

开放式模型

172 现在来考虑本章一开头所提出的问题。最初，有一群年龄平均分布于 20 岁到 70 岁的人，他们的年龄均值是 45 岁。任何一个 35 岁以下和 65 岁以上的人都感到不满并且会离开。最后的结果视人群运动情况而定；所以我们必须弄清楚，是不是所有不满意的人都会选择在同一时间离开；或者，如果他们不是同时离开的话，那么年轻人离开的速度是否快于老年人离开的速度；或者，最不满意的 20 岁的人的离开速度是否快于 30 岁的人，因为后者的不满与前者的不满在时间上的差距仅仅有 5 年，而不是 15 年。

首先让所有不满的人一次性离开。这样留下来的人的年龄介于 35 岁到 65 岁之间，他们的均值是 50 岁。这时，所有 40 岁以下的人都想离开；更多的年轻人的离开使这个群体的平均年龄上升。那些年龄超过 65 岁的人怎么办呢？还让他们回来吗？如果我们不让他们回来的话，那么最后的结果就会变成这样：这个群体中所有人的年龄都介于 45 岁到 65 岁之间。如果我们重新吸纳那些在平均年龄上升之前离开这个群体的老年人，亦即那些如果继续等待的话本来就不会离开的人们，那么这个新群体的所有人的年龄将会介于 50 岁到 70 岁之间。

截然不同的初始状态会导致完全相同的结局。如果只有年龄介于 20 岁到 40 岁之间的年轻人一开始在这个群体中，而且本来不属于这个群体的人在感觉有足够吸引力时加入这个群体，那么年龄更大的人就会加入。年轻人又会离开，最后会形成年龄只介于 50 岁到 70 岁之间的稳定状态。年龄介于 40 岁到 50 岁之间的中年人又会加入，这将导致年轻人的离开，从而也会导致他们自己离开，因为他们发现，由于他们的存在，吸引了过多的老年人进来，使他们不能忍受。

假设这个群体的年龄分布出现了年龄的断层，也就是说没有年龄介于 40 岁到 50 岁之间的人。这样的话，外边的老年人就不会加入这个年龄介于 20 岁到 40 岁的群体。所以说，上一段所述的中间年龄段的群体赶走了年轻人，而到头来自己也被他们吸引过来的人赶走了！

如果要求群体中高于 40 岁的人不能加入，那么 40 多岁和 50 多
岁的人就会反对。如果要求离开的年龄上限往上抬高一点的话，那么 *173*
这些人就会加入这个群体；只有当年龄更大的本来没有什么兴趣加入的老年人随之加入后，他们才会离开。

封闭式模型

假设有一群人，他们年龄各异，可以自由选择待在两个房间（比如说是餐厅）中的任意一个。每一个人都希望自己所在的餐厅中的所有人都跟自己年龄相仿。是否能够实现这种均衡呢？这种均衡状态如何实现呢？这个实现均衡状态的过程如何受到运动规则、错误判断、不同的人做出选择的顺序以及不同的人行动的速度的影响？调整过程是连续性的，还是仅存在几个有限数量的尝试？

很显然，我们能找到一个这样的均衡。首先将所有的人按照年龄排成一排，然后将其分成两部分。假设处于分界线上的人要么更偏好跟年龄较大的人在一起，要么更偏好跟年龄较小的人在一起，或者无所谓。如果他更偏好跟年龄较大的人在一起，就将他归入年龄较大的那一群人中。持续进行这一过程，直到处于分界线上的人不再偏好年龄较大的一组。在第一次分隔的时候，年龄较小的那一群人中，有人更愿意和年龄较大的人在一起；当我们将年龄较小的人归入年龄较大的人群中时，我们就可以降低两个人群的平均年龄。这样的话，在年龄较小的那群人中的一些人本来还比较满意，由于年龄较大的人群的平均年龄逐步接近他们的年龄，所以他们也更愿意将自己归入年龄较大的那群人中去。不过，很容易就可以发现，最后还是能够达成一个均衡（哪怕最后有一个房间里的人的年龄非常小）。通过对人们移动到其他组别的速度以及人们估测这一参数的速度（比如算术平均数）做出一些较为可行的假设，我们可以得到一个逐渐衰减的调整过程，即最终收敛结果是所有人都分配在两个房间中。不过，我们还应该考虑其他的偏好假设。

有一种极端的情况，即所有的人都想到平均年龄最高的那个房间中去。那么，一种可能的均衡就是，所有的人最后都汇集到了某一个

174 房间中。（当然，这种情况是否是一种均衡情况，还要看我们是否允

许年龄最大的人进入某一个空房间内，因为如果年龄最大的人进入一个空房间而且这个房间只有他一个人的话，那个房间的平均年龄就是他自己的年龄，这对他的吸引力无疑是相当大的。）

另一种可能就是，超过平均年龄的人想处于平均年龄比自己小的房间内，或者相反。还有一些更复杂的偏好情况。

封闭模式中的其他偏好

对于周围人群年龄的一组偏好具有如下特征：如果“所偏好的中间年龄值”较高，那么一个人的年龄越大，平均年龄与受偏好的平均值越接近，平均年龄就越被偏好。这种简化了的偏好仅仅关注所在人群的算术平均年龄值；但事实上，很难说这样一个单一的统计变量如人口均值就是人们所关心的。不过，关于这个算术平均值的讨论可以作为我们的热身训练，以作为有教育意义的研究。

让我们用尽量简单的例子来说明我们所要讲的问题以及可能的答案。我将使用“年龄”一词，但是在这样的抽象层次上，任何其他一种测度都是可以的。（因为我们所要讨论的例子是用算术平均值作为一个重要的统计变量的，这隐含着用一个可供衡量的指标来描述人的某个特征。不过，对于一个均匀分布而言，中间值和均值是相等的。）

假设有一个人群，他们的年龄均匀分布在 0 到 100 之间。同样，假设在同一楼层有两个房间——我们可以设想它们为同一楼层的两个餐厅，而且每一个人都可以自由选择进入他所选择的房间，并可转换到年龄中间值与他/她的偏好更接近的房间内。没有人关心自己在哪个房间，所有的人只关心跟什么年龄的人在一起。下面，我们可以尝试给出有关这些人的不同偏好结构。

（1）每个人都更愿意待在平均年龄和他自己年龄最接近的

房间内。

(2) 每个人都更愿意待在平均年龄比他自己年龄稍微大的房间内。更具体地说，每个人都希望所在人群的平均年龄和他自己的年龄
175 有一个差额，这个差额是自己的年龄和这个人群中最高年龄（也就是100岁）之差的一定比例，而且此比例对任何人来说都是一样的，而不管其年龄是多大。(如果说这个比例是1/3的话，那么一个40岁的人希望进入其中所有人的平均年龄最接近60岁的那个房间。)

(3) 每一个人都更愿意待在平均年龄比自己的年龄更接近人口平均年龄50岁的房间内。更明确地说，每个人都更愿意根据差别的某个固定比例选择平均年龄更接近50岁的房间。(如果这个比例是1/5的话，那么一个30岁的人更愿意待在一个平均年龄为34岁的房间内。)

稍作思考，我们就可以得出，任何稳定的分隔必须是以年龄为基础的，在一个房间内的所有人都在这个年龄之上，而在另外一个房间内的所有人都小于这个年龄。这样的话，我们就很容易处理第一种偏好情形：如果每一个人都希望所在房间内的人的平均年龄和他自己的年龄相仿，那么就存在一个50∶50的稳定均衡。假设初始状态是以40岁为界，那么第一个房间内的平均年龄为20岁，而另外一个房间内的平均年龄为70岁。每个介于40岁到45岁之间的人都希望到那个平均年龄较小的房间中去，从而提升两个房间的平均年龄：年龄较小的那个房间的平均年龄上升到22.5岁，而另外那个房间的平均年龄上升到72.5岁。在这种情况下，年龄介于45岁到47.5岁之间的人就会更偏好到年龄较小的那个房间去。这种情况一直会持续下去，直到两个房间的人以50岁为界时。

第二种偏好情形则更为复杂。每一个人都希望所在房间内的年龄平均值更接近于一个年龄值，它比他自己的年龄高出100减去本人年龄后的差额的一部分。如果每一个人都希望所在房间的年龄中间值比他本人年龄多出100岁减去他本人年龄后的差额的1/3，那就是说，

一个 25 岁的人希望自己所在房间的年龄中间值接近 50 岁。假设两个房间的人的年龄以 50 岁为界，那么两个房间里的人的年龄中间值分别为 25 岁和 75 岁。25 岁左右的人对于自己所在房间的年龄不在乎，但是 30 岁的人就不是不在乎，他们更希望自己所在房间的平均年龄接近于 53 岁。25 岁以上的人都转移到那个平均年龄更大的房间里去了，使得两个房间内的平均年龄都有所降低。这一过程一直会持续到所有的人都聚集到一个房间里为止。（对于新生儿而言，理论上，他们的偏好值是 33 岁。他们更偏好于一个所有的人都在的年龄中间值为 50 岁的房间，而不是留在他们自己所在的年龄平均值为 0 岁的房间内。）

经过计算，我们可以得出，除非上面我们所说的比例（即我们参考公式中的参数）比 0.25 要小，否则就无法将人群稳定地划分在两个房间。如果比例小于 0.25 的话，那么这个稳定的划界年龄就是
$100(1-4a)/(2-4a)$，其中 a 指的是这个比例。比如说，如果这个比 176
例是 0.2 的话，稳定的划界年龄就是 16.7 岁；如果比例是 0.1 的话，那么稳定的划界年龄就是 37.5 岁；当然，如果比例是 0 的话，那么我们以 50 岁作为划分的年龄界线。

这是一个“均衡分析”的例子。在这里，代数计算是比较基本的。我们应该考虑，应该选择一个什么样的比例，才能够使得在某个年龄（比如说 30 岁）上形成稳定的划分。只有当年龄较大的房间内的最年轻的人和年龄较小的房间内的最年老的人都对自己所处的环境比较满意时，这个划分才是均衡的。如果以 30 岁作为一个划界年龄，那年龄较小的那个房间内的平均年龄是 15 岁，而年龄较大的那个房间内的平均年龄是 65 岁，而 15 岁和 65 岁之间的中间年龄是 40 岁。如果一个 30 岁的人希望自己所在房间的年龄平均值在 40 岁以上，他将会去那个年龄较大的房间；而如果他希望自己所在房间的年龄平均值在 40 岁以下，那么他将会去那个年龄较小的房间；而如果他恰好希望自己所在房间的年龄平均值是 40 岁，那么他就无所谓了。所以

说，以 30 岁作为划界年龄是稳定的，仅当 30 岁的人偏好 40 岁与他们自己的年龄差为 100 减去其年龄后的 10/70 时成立。

如果以 0 岁作为划分界线，那么就要求新生儿对于平均年龄为 0 岁和 50 岁的差距无所谓；他们肯定更偏好 25 岁，所以能够维持划分方式的最大比例应该是 1/4。

为了得出计算公式，我们约定，处在划分年龄界线上的人，偏好于两个房间内年龄平均值的中间数。如果以年龄 D 作为划分两个房间的界线，那么年龄较小的那个房间的年龄平均值为 $D/2$，而年龄较大的那个房间的年龄平均值为 $(100+D)/2$。这两个年龄平均值的中间点为 $[D/2+(100+D)/2]/2$，也就是 $25+D/2$。年龄处在 D 上的人希望所在房间的年龄平均值超过 D 的年龄值为 $a\times(100-D)$，他偏好的平均值与这两个房间的平均值的中点重合，即：

$$D+a(100-D)=D/2+25$$

$$D-aD-D/2=25-100a$$

$$D[1/2-a]=100[1/4-a]$$

$$D=100\left[\frac{(1-4a)/4}{(1-2a)/2}\right]$$

$$=100(1-4a)/(2-4a)$$

177 在上面提到的第三种偏好情况下，每一个人都希望自己所在的小群体的平均年龄数比他自己的年龄更接近整个大群体的平均年龄，这样的话，将存在三种可能。如果他所偏好的他本人年龄与大群体平均年龄之差的比例大于 0.5 的话，那么任何划分都将是不稳定的，每个人都会在同一房间内。如果比例小于 0.5 的话，将会得到稳定的划分；而如果比例刚好是 0.5 的话，那么任何年龄上的划分都是中性的均衡。

这些结果并不是一目了然的，但我们很快就可以知晓其中奥妙。我们注意到，不管用什么年龄划分，划分之后两个群体的平均年龄的中位数正好和 50 岁与划界年龄的平均数相等：$[25+D/2]=$

$(50+D)/2$。比如说，我们以 60 岁作为划分界限，那么将可以得到两个群体，他们的平均年龄分别是 30 岁和 80 岁，两者的中值是 55 岁，正好是 50 岁和 60 岁的中位数。

如果以 50 岁作为划分界线，那么就没有人愿意改变自己所在的房间。正好是 50 岁的人无所谓；而每个人都更偏好于自己所在房间的平均年龄数，如果他超过 50 岁，那这个平均年龄数就是 75 岁；如果他低于 50 岁，则这个平均年龄数即为 25 岁。但是，如果划分两个房间的年龄是 60 岁，那么就会出现以下情况中的一种：

一种情况是，每一个人都更希望所在房间的平均年龄离自己的年龄更近，而不是离 50 岁更近。在这种情况下，等于划界年龄或在划界年龄附近的人都偏好年龄更大的房间的平均年龄。比如说，如果以 60 岁作为划分界线的话，那在 60 岁左右的人都会希望所在房间的平均年龄数能够更接近某一个比 55 岁更大的年龄。这样的话，这些人就会加入那个年龄较大同时人数也较少的群体，从而使这个群体的人数增加。在划界年龄上的人们总是会更偏好于加入那个平均年龄较小的群体，这种人口流动一直会持续到划界年龄变成 50 岁时。

另一种情况是，每个人都希望所在群体的平均年龄介于他们自己的年龄和 50 岁之间，但是更接近于 50 岁。在这种情况下，只要不是刚好以 50 岁作为划分界线，那么在划界年龄附近的人们就会更偏好于那个人数更多的群体的平均年龄。比如说，以 60 岁作为划分界线的话，他们就会更希望所在群体的平均年龄比 55 岁要小，因为与 80 岁相比 55 岁更接近 30 岁。所以他们会移动，在那个人数较少的、年龄较大的群体中的每一个人都跟着移动，因为年龄接近划界年龄的人
总是希望自己能够加入那个人数较多而且年龄较小的群体。（百岁老 *178*
人们则更愿意加入任何其他平均年龄为 50 岁的群体，而不是待在自己的老人群体中不动。）

这两种相对运动的分界线是人们对平均年龄刚好处于自身年龄和 50 岁的平均年龄上的偏好，在这种特殊情况下，处于分界线上的人

们总是对两个均值无所谓，因为他们偏好的平均值是这两者的中点。这时任何分隔都是一种被称为“中性均衡”的例子。请注意另外一种可能情况。如果人们希望平均年龄更接近于50岁而不是他们自己的年龄，而实际上划界年龄又刚好是50岁的话，那就没有人会移动。这时没有一个人数“更大”的群体能吸引在分界线上的人们。但是如果年龄介于48岁到52岁之间的人恰好都进入了同一个房间，那么两个房间的平均年龄就会分别下降到24岁和74岁。这种情况下，敏锐的47岁的人就会移动到48岁的人所在的人更多且年龄更小的房间去，因为他更希望所在群体的平均年龄接近于74岁。46岁的人们也会随后而至。所以说，以50岁为界的年龄划分方式虽然是一种“均衡”划分方式——在这种划分方式下，除非有人先移动，没有人会移动到别的房间中去，但这是一种非稳定的均衡。任何偏离都会打破均衡，而这种均衡的破坏是不可以自我修复的，而且还会越来越恶化，导致越来越多的人离开原来的那个不稳定均衡。最后所形成的一个新的稳定均衡会使所有的人都聚集到一个房间内。这种最后的均衡是稳定的，因为任何人的离开都会使它再恢复过来。

稍微更为一般的公式

在原来代数上较方便的水平分布的基础上，我们可以较为方便地使用算术平均方法以外的统计方法来考察人口移动的过程。此时，平均值和中位数是重合的。但是，我们所要考察的是，如果每一个人都希望自己处在其中的上1/4或者下1/4或者40%或60%的人最接近某个特定偏好值（该值亦为他们自己的年龄，或者自己年龄的某种调整值）的群体中，那么会发生什么。

179 我们的第一种偏好很容易被转化为四分法或者十分法的表述。假设每一个人都希望处于这样的人群中，即其中下1/4的人的年龄和他自己的年龄最为接近。在水平分布的年龄结构下，我们可以首先在脑海里做一次计算。最后处于划分界线上的人（也就是处于年龄较大的那个群体中的最小的人，和处于年龄较小的那个群体中的最大的人）的年龄，离两个群体的各自下 1/4 界线的年龄距离相等。由于人口是均匀分布的，所以年龄较小的群体中 3/4 的人数与年龄较大的群体中 1/4 的人数相等；因此年龄更大的群体所包括的年龄跨度是年龄更小的群体的 3 倍。也就是说，分界线将处于这个整体的下 1/4 处，在年龄较小的房间内的人数是在年龄较大的房间内的人数的 1/3。

对于水平分布而言，此结果可以扩充为：如果群体中“一部分”人希望自己离所在群体的某个分割点（比如说 1/10、2/5 或者 3/4）最近，那么最后这个群体就会在这个分割点上形成均衡分割，将人群划分为两个群体。我们在上一节中之所以能够利用算术平均值得到均匀分割的结论，是因为在水平分布下，均值就等于中值，它将总体分为两半。

下面将要得出的较为一般性的公式，能将这些情况都包括进来。假设每一个人都希望所在群体中的下 $1/P$ 的分界线离某个年龄最近，而这个年龄将他本人的年龄和某个参考年龄 R 之间做出了一个比例为 a 的划分。如果每一个人都希望自己所在群体中的下 1/4 的界线最接近他自己的年龄 x 和 60 岁之间的 1/5，那么此时 P 为 0.25，a 等于 0.2，R 等于 60；他希望所在群体的下 25%的分界线离 $x+0.2\times(60-x)$ 最近。如果这个人群在年龄 D 处进行了划分，那么当且仅当以下等式满足时，这种划分才是稳定的：

$$D+a(R-D)=[PD+D+P(100-D)]/2$$

或

$$D=100[(P-2aR/100)/(1-2a)]$$

正如前面所讨论的那样，令 $P=0.5$ 表示中值（均值），$R=100$，或 $R=50$，我们就可以得到 $D=(1-4a)/(2-4a)$，或 $D=1/2$*。如果 180

* 原著如此，疑有误。——译者注

分母是负数的话，平衡将会被打破，稳定的划分点就不再存在，公式也就不再起作用。所以当 $P=0.5$ 时，对于 R 分别取 100 和 50 时，a 的最大值分别是 0.25 和 0.5。

这个公式并不值得我们去记，因为偏好不可能像前面所讨论的那样符合理想化的模型。不过，这个公式有助于我们研究类似模型的工作原理。

第三个房间

如果现在增加一个房间，会不会有人进去？正如在 a 值很大时第二个房间不会有人一样，只有当 a 值较小时，第三个房间才会有人。我们可以首先将人群均衡分配到两个房间内，然后问那个年龄较小的房间内的年龄最小的人是否愿意去第三个房间，这个房间内的平均年龄或中间年龄就是他们自己的年龄。为方便起见，我们仍然采用算术水平分布，在年龄较小的房间内平均年龄正好等于划分这两个人群的年龄的一半。年龄最小的人，也就是年龄为 0 的人，如果他所偏好的平均年龄 aR 更接近于 0，而不是更接近于划分两个房间人群的年龄的一半，那么他将会转移到第三个房间去。也就是，如果 $4aR<100[(P-2aR/100)/(1-2a)]$，用均值（中值）作为感兴趣的统计量，$P=0.5$，$R=100$，即每个人都希望所在群体中的平均年龄要比自己的年龄稍大，那么只有当 a 比 0.096 小时，第三个房间内才会有人。如果 R 等于 50，从而使参考年龄成为人口年龄的均值，那么只有当 a 小于 0.25 时，第三个房间才会有人。

当 R 等于 100 时，如果第三个房间是空的，年龄最大的人肯定
181 会偏好于去第三个房间。因此，在有三个房间的情况下，只有当 a 比 0.096 小时，人们才会稳定下来；否则，年龄较小的人就会转移到年龄较大的人的房间去，人最年轻的房间被清空，从而又会吸引年龄最

大的人进来。当 R 等于 50 且 a 比 0.25 小时，空房间要么会被最老的人所占据，要么会被最年轻的人所占据，不管是谁先进去。但不管怎么样，最后的结果都是一样的。

分离或不分离的最优性

前面我们所讨论的将人均衡分配到两个房间是否代表某种最优化的结果，或者是否会使福利最大化，或者是否会使集体偏好得到最大满足？我们不应该指望这一结果，因为在我们的这个模型中，没有人会去留意自己的行动会对他所加入的集体的平均年龄产生什么样的影响。

比方说，我们可以考察，最后形成的均衡分配是否使得最后形成的实际平均年龄和人们所偏好的平均年龄之间的差距之和最小化。当然，人们的满意度不一定与这个差距之和成比例，但是，如果确实如此，那至少我们也可以看一看人们偏好的平均年龄和他们达到的平均年龄之差的和是什么样的。

假设参考年龄为 100 岁，那么，对于任何正值的 a，最后在均衡分配下所形成的差距之和就不是最小化的。事实上，a 越大，差距之和就越大。现在先来看一下当 a 等于 0.25 时的情况：所有的人都聚集在一个房间内。那么，如果我们迫使这群人中较老的那一半人在一个房间内，而将年龄较小的那一半人赶到另外一个房间内，情况会怎样？

待在年龄较大的房间中的每个人都会增加福利。50 岁的人偏好的平均年龄是 62.5 岁，这个 62.5 岁正好是原来的平均值 50 岁和新的平均值 75 岁的中间值；在年龄较小的房间内，最年轻的 1/3，即全部人口的 1/6 的人也会得到改进。他们更喜欢新的平均年龄 25 岁，而不是原来的 50 岁；年龄倒数第二小的 1/6 的人，也就是年龄介于 182
16.7％到 33.3％之间的人，他们的福利水平会下降。因为他们更希望所在房间的平均年龄是 50 岁，而不是 25 岁。不过，他们也不会主动地转移到那个年龄较大的房间里去，因为那个房间内的平均年龄是75岁。而他们无疑会更偏好于25岁。年龄倒数第三小的1/6的人，也就是从33.3%到50%的人，他们的福利也恶化了。只要有可能，他们就会更愿意搬到那个年龄更大的房间里去，因为在75岁和25岁之间作一个选择的话，他们会更愿意选择75岁。不过，对于所有这些人，如果我们能够计算一下分离前后每个人所偏好的平均年龄与实际平均年龄的差别的话，我们会发现分为两个房间减少了这个总和距离。事实上，如果把年龄最大的40%的人留在年龄较大的一个房间，而让年龄较小的60%的人去另外一个房间，这个总和距离将会实现最小化。[1]

以上分析表明，一个均衡的划分并不一定会导致最优结果。而且，它也提醒我们，一个人为强制性的划分，会使一部分人的福利增加，也会使另外一部分人的福利减少，尽管不会使他们主动离开；还会使一部分人不满意，而且可能的情况下他们会愿意主动离开。

建模的需要

现在，让我们来讨论建模的意义之所在的两种情况。首先，我们所建立的模型必须是对现实有意义的——对住所的选择、成为某个社团的成员或者是对于某个组织的参与，其中的分离和组合具有某种社会意义。其次，个人行动对集体所造成的系统性后果并不是那么一目了然，以至于我们不能将集体作为集中的个体对待，而只有借助模型才能研究清楚。

我一直都在努力展示第二种情况，在这种情况下，虽然个人的行动动机都已经给定，而且个人的特征也很突出，但是，要想研究它们
183 所导致的宏观结果，仍非易事。在这种情况下，如果不借助模型的帮助，我们就不能根据集体行为的表现来对个人行为的动机妄加揣测。

对个人行为的了解也不能自动地推导出对集体行为的预测，或者是得出影响这些集体行为的政策。我们必须在对宏观现象的研究基础上才能够得出对它们的恰当政策。

对人为环境下的简化模型的研究可以说有两个目的。第一个是比较野心勃勃的：这些模型是基本模拟现实的，它们是对现实的一阶近似，可以以较高的可信度来模拟我们想要的现实情景。第二个目的则比较一般：我们可以通过对这些比较简单的模型的考察来进一步得出与现实更为接近的模型，它们让我们知道哪一种分析是必需的，哪些现象是值得期待的，哪些问题是值得提出的。

我前面所描述的案例的主要用意是要实现第二个较为一般的目的。我所选的模型都比较容易描述，可观察性较强，也比较容易用算术进行计算。但是，即使是这些比较人为的模型也需要做进一步说明。比如说，在封闭式模型中，我们可以援引一个新的变量比如“密度”，以得到了一种新的划分法，即将人群划分在两个房间内，直到不同年龄的吸引力和人口密度的排斥力相互平衡为止。为了研究这个问题，我们就应该辅以某种物理维度和某种短缺的设备，对“房间”这个词给出一个比较具体而不是抽象的定义。（某个小孩可能比较偏好于加入某个有年龄较大的男孩的棒球队，但是如果他自己并不能经常上场打棒球的话，情况可能就不一样了；某个人可能比较偏好和一个有年龄较大的成员的小组进行旅行，但是，如果他坐在靠窗的座位的机会较少的话，情况就可能不一样；某个人可能会更偏好参加一个年龄较大的小组进行讨论，但是如果讨论的会场比较拥挤、会场更加喧闹、发表谈话的机会较少而且自己被选为大会主席的可能性也比较小的话，情况也可能会不一样。）当我们考察的模型的维度越来越多时，考察的模型就会越来越具体，我们也可能就会越来越怀疑我们是否应该研究这一模型。而且在对一系列富有启发性的研究对象进行研究之后，我们发现找出所要研究的对象的实际特征，比归纳出它们之 184
间在某个连续变量上的共性更具成效。养老院、网球俱乐部、桥牌锦标赛、社交聚会、律师事务所、公寓、本科大学和舞蹈学习班之间可能存在一些共同之处，而且，有很多其他方面，比如说年龄、智商、行走速度、驾驶速度、收入、级别、体型和社会角色，会使人产生大致相似的行为。不过，研究工作最终要想获得成功，对各个成员之间的共性的关注和对他们各自的特性的关注是一样重要的。

几个应用

一个比较容易描述且不难找到的例子是关于老年人的住所的问题。这通常被归入我们的“开放式模型”中，在这一模型中，人们可以自由地加盟或者离开，虽然这样做并不是没有成本。（开放式模型总是被认为是封闭式模型的一个特例，它将模型以外的东西看成是一个外部世界，由于这个外部世界的人口数量很大，所以相对而言，它们的整体特征对模型的大小来说是不变的。）

要想某一个社区内的居民都由同一年龄的老年人来组成并不太现实。很多人是结了婚的夫妻；时常有人去世或者残疾，这时候就会面临补充空缺的问题。但是由于市场是高度本地化的，所以找房子的人并不太多，于是，不能将他们分配到大小相当的房子里。而且，如果单元太小的话，找房子的人就不一定会认为那是属于自己的“住所”。对于混居而言，人口的年龄分布并不是严格排列的，而是和其他特征（比如精力、饮食、视力和记性）联系在一起的，其他特征随着一定年龄和时间而改变。

185 所以说，该地区内的居民的年龄分布是混合的。现在问题就出来了：对于这个研究群体而言，有没有可能找到一群人，不管年龄组成如何，他们都愿意彼此住在一起呢？我们注意到，即使是年龄较大的人愿意和年龄相仿的人住在一起，也不一定存在这样一个群体。（这个问题所涉及的数学与精英大学新生班遇到的情况相似：如果按某种共同的制度，没有人愿意自己在班上的排名属于最后的 10%；并且如果每个人都在加入班级之前就能准确地预见自己在将成立的班上的排名，那么最后这个班就不可能成立，或者说这个班就不可能延续下去。）

一个有关的问题是：如果给定年龄的人们对他们自己愿意住在一起的群体有着不同的看法，比如说，有些人希望自己成为这个群体中年龄最小的，而另外的人则不这样想；或者有些人希望自己成为这个群体中年龄最大的，而另外的人则不这样想，这样的话，我们就可以组成新的群体，比方说使所有 80 岁的人都加入并使一部分 60 岁的人也加入。那么如果能将这些分组形式有效地付诸行动，最后究竟能吸引多大比例的老年人过来呢？

另一个问题是：如果允许自由地进入和退出，那么我们将得不到任何大小的稳定的人群组合。如果我们设定限制条件或者是优惠条件，吸引他们进来或者是让他们待在群体之外，那么我们所面临的问题是不是就变成了究竟是吸引他们进来还者是让他们待在外面的问题？或者说这两个问题是可以互相替代的？（让一部分最年老的人待在外面，可能会吸引一些年轻人进来。）

还有一个问题是：如果一个群体是稳定的，那么应该吸引这个群体中的多少人待下去才能让群体中的其他人自愿继续待下去呢？注意，我们在本章一开头就已经提出了这个问题。我们当时得到的答案是一群年龄介于 50 岁到 70 岁之间的人。如果我们往里面加入一群年龄介于 40 岁到 50 岁之间的人，那么平均年龄将会从 60 岁降到 55 岁。那群年龄介于 45 岁到 50 岁的人的平均年龄则会保持不动（尽管他们自己不愿意加入），只要能吸引 40 岁到 45 岁的人们保持不动。

年龄有一个有趣的特征：年龄会随着时光的流逝而正常改变。所以，对于任何一个群体或年龄组，我们都可以从时间角度来考察以上几个问题。如果某个群体在目前可以持续下去，那么它的年龄构成在 5 年或 10 年以后还适合它的所有成员吗？如果答案是否定的，但是我们仍让它维持一段时间，情况又会怎么样？如果现在有一个群体， 186

其中最年轻的人的年龄是 65 岁，那么当年龄最大的人相继去世时，我们一直往里面补充 65 岁的新人，由死亡率形成的年龄分布是否代表一个稳定可行的群体？

其他的一些“分类变量”

大学生们可能都对他们所要加入的大学的奖学金等级和体育活动的发展程度比较关注。有些人希望成绩出众；有些人希望更多地参与活动；有些人希望自己的潜能被激发；有些人希望能进入一所蜚声海外的高校深造，或参加一支表现杰出的球队。最后的结果一般就是，可能每一个人都希望进入一个比自己希望的要更好一点的高校。严格的录取政策限制了排名较高的学校的学生密度，如果高校录取是严格按照个人能力来进行的话，那申请读大学的学生就会依照这些排序变量被录取到不同层次的高校。（这个原理对于教师队伍和硬件设施的质量同样适用。）

模型的结构

这些模型中最简单的一个可以描述如下：每个人跟所在人群中的某个统计测度有两方面的联系：每一个人对这一统计测度都有自己的偏好，而他本身又为这些统计测度值的改变做出了自己的贡献。这两种联系方式通常是不一样的：自己是中年人，并不意味着一定愿意和中年人待在一起；自己是富人，并不意味着一定愿意和其他富人待在一起。不过，这两种联系虽然不一样，但也是相互关联的。

除了共同拥有的某种偏好以外，聚集在一起的人们只是群体的一个样本，并没有什么聚集的理由。如果“偏好”和“贡献”之间是负相关关系的话，那这个群体就有离散的趋势。任何一个群体，如果因为他们的组合而使得这个群体的某些统计指标远离平均值，并朝着某一个极端变化的话，那他们就会寻求加入另外一个群体，从而使另外一个群体的统计指标朝着另外一个极端变化，而这又会使这个群体的人也像第一个群体的人那样想寻找同样的群体。如果肥胖的人想跟苗条的人待在一起，而且苗条的人也想跟肥胖的人待在一起的话，那肥胖的人或苗条的人分别待在一起的情况就不可能存在。 187

只有当“偏好”和“贡献”之间是正相关关系时，将两种不同特征的人分开才有可能。

有一个指标，每个人对它的贡献是一样的，尽管每个人对它的偏好可能都不一样。这就是人口规模或人口密度。有一些人更偏好喧闹的海滩和咖啡屋，而另外一些人则更偏好独处。除去体型差别不算，每个人对于所在群体的人口密度的贡献度为 1.0。没有变化就没有相关性，所以上述的相关性原理并没有什么帮助。让我们仍然先假设存在两个房间以做进一步讨论。

如果每一个人都偏好于进入一个不太拥挤的房间，那么当两个房间的人数相等时就会出现稳定性；如果每一个人都偏好于进入一个比较拥挤的房间，那么所有的人都会聚集到其中某一个房间里；如果房间大小一样，每个人都希望进入一个聚集了最接近人口总数 55%的房间，那么所有的人都会聚集到一个房间里！（如果将 10%以上的人强行从这个房间转移到另外一个房间去，那么每一个人都会得到福利改进：15 比 100 更接近 55。但是分出去的 15%的人肯定不愿意待在原地，因为 85 比 15 离 55 更近。）

如果人们对所在群体的人口密度的偏好有所不同，那么两个房间的人口分布情况就决定于那些偏好于待在刚好有一半人口的房间内的人。（如果两个房间一样大，人口密度和人口数量呈比例对应关系，两个数的中点等于总数的一半。）如果有少于一半的人愿意待在有超过一半的人口数量的房间内，那么人们将会在两个房间内等量分配；

如果超过一半的人愿意待在有超过一半的人口数量的房间内，那么最后两个房间内的人口数量将取决于那些偏好于待在刚好有一半人口数量的房间内的人。如果在 100 个人中，他们对房间内人口的偏好在每间 20 人到 120 人之间均匀分布，那么就有 30 个人更偏好于房间内少于 50 人的人口密度，70 个人更偏好于房间内多于 50 人的人口密度，而且两个房间内的人口数量分别是 30 人和 70 人。不仅如此，任何一个群体，只要第 30 个人更偏好于有 50 个人在其房间内，那么也会导致两个房间内的人口数量分别是 30 人和 70 人。

市场上的类比

188 在某些情况下，人们真切地关心他们身边的人的特征，比如他们的年龄、收入或者是智商。但是，有很多的市场现象，它们以一种非人性化的方式发挥作用，不过仍然具有我们所讨论的分隔模型的特征。

现在来考虑一个保险模型。其中每个人都支付相同金额的保费，那些死亡或者是受伤的人或者是他们的受益人得到理赔。那些最不可能死亡或受伤的人从保险中得到的回报是最低的。如果这些人知晓这一情况，而保险公司却不能针对不同健康状况的人收取不同的保费，那这些人就会放弃这家保险公司，转而成立他们自己的协会，一个对证明自己风险度低的人收取较低费率，并排除较高风险的组织。在他们退出原来的那家保险公司时，去那家保险公司投保的人的死亡率和事故率将会上升，因此保费必须要提高，这将会导致更多的人离开。如果那些预期收益为负的人都离开这家保险公司，那么最后就没有人会留下来。(如果每个人都愿意以一定的费用投保，那么最后只会留下那些高死亡率和高事故率的人群存在，而他们的人数又足够小，以至于使他们的平均赔付额在最少受益的成员的费用之内，这种投保的计划就可能不能持续下去。如果健康状况的分布是指数分布，那这种投保人类别根本就不可能存在。）如果在制度上保险公司不推出因人而异的保费标准，但可以把那些风险较高的人排除在外，那么投保的人就可以根据死亡率和事故类别而被分成不同的组别。在这种情况下，人们关心的并不是他们自身，而是自己加入某个组别而导致的成本。[2]

同样的情况也发生在收取固定费用的餐厅，它收取的费用正好足以弥补成本。这样的餐厅就比较适合那些喜爱昂贵食物或很多副食的人；只喜欢吃沙拉的人们每个人的花费比吃的要多一些。如果那些胃口一般的人不来这里，那么餐厅的平均价格就要上升。这时，那些胃口稍好点的人在为那些橄榄球队的食客们埋单，所以他们也可能会离开这家餐厅，去寻找其他更加经济实惠的选择。直到最后，可能就只有那些最能吃的食客们仍然会来光顾这家餐厅，即使他们付的钱可能比自己所吃的要多！他们自己最后也有可能会离开这家餐厅，去寻求一家价位和他们刚开始的付费标准差不多的餐厅，这时这家餐厅也就差不多要关门了。 189

因为不能实行歧视，所以那些“老年人之家”就要收取年费或较高的入伙费，同时很多服务又是免费的，这一事实将市场层面的因素加进了老年人选择的考虑之中。

随着时间流逝而发生的改变

随着时间的流逝，与个体相关的变量会发生什么改变呢？年龄是一个比较特殊的变量：年龄每一年会增长一岁。而且这种变化不受周围人的年龄的影响。在一个人的早年时代，随着年龄的增长，他所能容忍的年龄范围可能在扩大。所以如果某个群体中的年龄分布结构尽管并不稳定，但是可以使其推后一些时间，那么年龄结构的兼容性就会出现。

玩桥牌或者网球的人的技艺增长速度在很大程度上依赖于他所在

俱乐部的整体水平。同样，他所在的俱乐部的平均水平和他本人的水平之间存在一个最佳差距值。这时，一组固定的人群会随着时间的推移而减少技艺上的差别。技艺最好的人长进肯定不会太快，因为没有匹配的竞争对手；技艺最差的人会退出，因为他们不堪竞争的压力；剩下的人的水平的上升速度与他们本人的水平和平均水平（或是其他统计指标）之间的差距成比例。

社会地位也是一样的：在学术界或者在人生中，一个人通过和有地位的人建立联系，而得到自己的地位。就像这可以成为人们建立联
190 系的部分动力一样，它也可以减少一个团体内地位的分散程度，因为个人会被一个团体的地位逐渐同化。

协调性变量

我一直假设，具有不同年龄、收入或者智商的人比较关心所在群体中的其他人的年龄、收入或者智商状况。然而，偏好通常是关于年龄、收入、智商或技能的某种函数。在小孩子们中间，他们的体型、体力、年龄和技巧具有很强的相关性，所以当他们将自己按年龄进行组合时，如在棒球队中，不同年龄段的孩子对应的是相应的体型、力量和年龄。学校制度将孩子们按年龄划分，它之所以如此是因为年龄与体形、体力、技巧、经验和已有的教育相关。成年人自己可以按年龄进行组合，是因为不同的年龄对应的是不同的家庭地位和生活方式。那些将要生小孩的人们就想居住在更适合婴儿成长的地方，也就是说，这些家庭里的父母的年龄都差不多大。

喜欢清静的人们更喜欢和喜欢清静的人们住在一起，倒不是因为他们喜欢彼此，而是因为他们都喜欢清静；不喜欢狗的人们更喜欢和不喜欢狗的人们住在一起，倒不是因为他们喜欢彼此，而是因为他们都不喜欢狗；喜欢热闹的人们更喜欢和喜欢热闹的人挤住在一起，倒

不是因为他们喜欢彼此，而是因为他们都喜欢热闹；愿意加入年金计划的人们更愿意和短寿的人们住在一起，倒不是因为他们偏好拥有不久于人世的朋友。

【注释】

[1] 让 60 岁以上的老人在一个房间，而其他人去另外一个房间，和所有人都在一个房间的情况比较如下：60 岁以上的人都赞成这种划分；40 岁到 60 岁之间的人在那个年龄较小的房间，但是却更偏好于 60 岁以上的老人们所在的房间的平均年龄，也就是 80 岁（这个年龄段的人必须给予他们一定的动力，他们才愿意留在这个年龄较小的房间）；年龄介于 20 岁到 40 岁之间的人更偏好于原来的状态——所有人都聚集在一个平均年龄为 50 岁的房间内，但是当然也不会有兴趣转移到那个老年人集中的房间，因为后者的平均年龄高达 80 岁；年龄在 20 岁以下的年轻人更喜欢现在的新状态，即平均年龄为 30 岁，而原来的平均年龄为 50 岁。所以说，60％的人改善了福利，40％的人因此而降低了福利水平。相比待在一个房间内的状态，在分开以后，每个人离自己偏好的年龄平均数的平均差距缩小了 6.67 岁（小了 1/3 左右）。

[2] 关于这一类市场现象，乔治·A·阿克洛夫在《次品市场》一文的第 488～500 页中给出了精彩的论述。（请参见本书第 3 章的注释 [3]。）

第 6 章

选择孩子们的基因

193 “选择孩子们的基因”有几种解释。通常而言，它指的是我们共同为下一代选择他们的基因。不管我们是否是他们真正的父母，他们都可以被看成是我们的“下一代”。而如果我们将“选择孩子们的基因”理解成一种优生优育的概念，那么它就意味着对于孩子们**父母**的选择。

在这里，我指的是一种本义上的解释。我将要讨论的是父母们如何选择他们自己的孩子们的基因，而不是试图决定其他人及其孩子们的基因政策。

我还要进一步指出的是，我所要讨论

的是如何选择那些本来属于我们生物意义上的孩子的基因，而不是选择一个捐献者或制造者的基因。如果我的妻子和我，或者是你的丈夫和你，能够从现有的基因组合中选择一个特定的遗传组合——我为我的孩子，你为你的孩子——那么我们会做出什么样的选择呢？会有什么不同吗？

选择的菜单

在一对夫妇结合之后，他们生下的孩子可能有很多种不同的基因组合。根据当前的遗传学理论，他们最后得到的那个孩子，只是他们从可能拥有的比地球人口数量还要多 1 万倍的可能组合中随机得到的一个。这就是一对夫妇能够在许多具有不同染色体的孩子中所能做出的选择。

一个男性能形成 800 万（2^{23}）个有遗传功能的彼此相异的精子，而一个女性也能形成 800 万个有遗传功能的卵子，尽管她实际产生的卵子可能比这要少许多。如果你将这两个数字相乘，你就可以知道你可能得到的孩子的数量了。夫妇之间得到的可能是其中任何一个。接 194
下来我要讨论，如果父母能够在这 60 万亿个可能的孩子中间做出一些选择，那会出现什么情况。

尽管这个数字看起来很大，但是实际上可供挑选的余地并不大。对我来说，我的孩子可能得到的染色体只有两个来源：我妻子的和我本人的。我的孩子可能没有凯伦·贾博（Kareem Jabbar）那么高，也不太可能像巴赫（Bach）那样有音乐天赋，也不太可能跟这本书的某位读者长得很相像。我本人和我妻子有限的遗传信息决定了我们只可能面对一定数量的选择组合。所以，尽管我们有 60 万亿个可能的孩子可供选择，但实际上我们也许只有几千万个选择机会。而且，不管你喜欢与否，我们生出来的小孩极有可能跟我或者我的妻子非常相似。他们也不太可能离我们的父母、祖父母和曾祖父母这种类型的人太远。

请注意，在这种选择中，我所讲的小孩都是自然的小孩。任何试图通过人工干预而改变基因组成的小孩出生的概率和其他小孩出生的概率是一样的。这里没有人工因素，没有所谓人为制造的小孩。至于为什么我们所选择的小孩不可能是我们原来所预想的那样，我们并不能给出合理的解释。

一个父亲所产生的800万个左右的精子，不仅基因上与这位父亲十分相似，而且其染色体遗传种类也非常有限（23种）。（我是说，我们不能把染色体一一打开来选择基因，而只能选择整个染色体。）如果你要从你的祖母那里遗传到极高的音乐天赋，那就必须同时也要遗传到她的近视眼，因为你必须同时接受这个染色体或者同时拒绝这个染色体，而不能只挑出对你有利的基因。

选择的技术

195 我应该跳过不谈——也许有些人会认为我在骗人——有朝一日能够实现对染色体的挑选。简单地讲，一个人必须首先从一个胚胎、精子或是卵子中的两个染色体中挑选出一个我们所感兴趣的。我们还必须辨认出由那个染色体所决定的特征。（可能不容易直接观察到。）也许必须从个人的先辈们那里追寻这些特征，然后再进行取舍。选择的对象是胚胎或者是精子。（如果有可能筛选精子或者卵子的话，我们只能看到数量有限的卵子，这依赖于我们的技术水平准许我们在任何时间选择多少卵子和多少精子以进行检查和利用。所以说，选择将主要存在于家庭中男性的一边，而不是女性的一边。）

检测一个细胞所包含的染色体所需要的外部能量可能足以使这个细胞的存在受到威胁；所以也就没有一种安全的办法可以用来检测精

子或卵子，而只能对胚胎进行检测。[1]这就意味着非常有限的选择。我们不会去对上百万的精子进行挑选，而只能一次检测一个胚胎，看是否有必要保留它或是继续尝试。

判断一个胚胎是否有必要保留，可能取决于人们是否能从胚胎附近的液体中抽取细胞物质进行分析，虽然这对不到三个月大的胚胎可能并不安全；或者我们是否能在孕期早期得到胚胎细胞物质，以不伤害胚胎。

我们确实有一个例子可以说明这并不是一个空的选择集合。现在 196
我们在医学上可以检测出胚胎的性别，如果父母并不喜欢这一性别的孩子，就可以流产。当然，我们也可以检测出胚胎的其他染色体特征，目前我们较为关注的特征主要是跟病理学有关的。

从目前技术水平来看，这种技术实际上至多是一个要承担高昂成本的选择，胚胎必须在腹中三个月，应该还没有对父母的识别能力，所以可以做出不要这个孩子并重新开始的选择。如果父母选择在堕胎以后重新开始的话，那么他们在怀孕期间失去至少六个月的时间，同时也会造成一定的焦虑，失去怀孕初期的快乐。所以说，选择堕胎并重新怀孕是要承担成本的，但这是可以做到的。

假设在刚怀孕的前一两周内就能够得到细胞物质并对其进行检测，那么在这个时候进行选择的成本就可能非常低。这时选择就是要决定在哪个月怀孕，并按照未来婴儿的特征和性别来怀孕。

性别选择的特异性

对性别的选择不同于多数的其他选择。现在人们可以自由地说出他们更希望要一个男孩或是女孩。也许对于太太们来说，她们不会像她们的丈夫那样简单扼要地说出对小孩的喜好，她们是否愿意将自己音乐天赋遗传到后代身上去，或者是否要孩子像丈夫那样在这方面有天赋。她们可能会觉得讨论夫妻身上的种族优点或是缺点遗传在后代的男孩或女孩身上是一件困难的事。但是，讨论他们是否喜欢男孩或女孩并不是不合时宜的，事实上，也很难避免这种讨论。所以说，这种选择是合法的，而其他的选择基本上还不存在。（这种合法性可能取决于这样一种信念：即并不存在真正的选择，即没有决定要做，所有的只不过是空谈！）

197 但是由于这种选择是可行的，所以可能会刺激这方面技术的研究。比如，它足以使得研发部门收回开发的成本。由此技术，人们就可以对染色体进行选择，而不仅仅是对性别进行选择。

随着对婴儿性别进行选择的技术的发展，这方面的经验也在积累，包括人种上的和家庭内的经验，从而使从前只有上帝才能办到的事情，或者说上帝偶尔才会把机会留给我们去办的事情，现在在我们自己手上也能办到了。

当然，也许我们应该注意到一个很重要的事实：人们为孩子们所选择的种种特征取决于孩子的性别。一个例子是体型。我想大多数父母大概不会为一个体型比较纤细的女孩而感到惋惜，但是一定会为一个瘦弱的男孩而感到无奈；同时，大多数父母不会为一个身材魁梧的男孩而感到惋惜，但是一定会为一个体型庞大的女孩而感到无奈。所以说，对人们可能要选择的很多方面来说，如果他们确实能选择的话，这种选择将取决于孩子的性别。因此，性别选择在许多方面都是这一主题的重要方面。

选择孩子们的性别

设想一下，我们能够事先选择我们孩子们的性别。我们也很容易做出这样的假设，并且要认识它的要义也没有什么困难。

我们已经能够选择是否要生小孩，在什么年龄生小孩，生几个，以及使孩子们的年龄如何分布，等等。我们甚至还能够控制孩子们的性别比，比如当我们有一个男孩和女孩后就会停止生小孩了，如果我们还没有我们想要的，我们就会继续生。进行性别选择，也不会造成什么新型家庭的产生，因为各种各样性别比例的家庭组成都已经存在。

我们的兴趣在于性别选择的后果，而不是性别选择的技术。我们还对如何去处理以前不重要的选择感兴趣。不过，技术本身能够影响我们想要研究的一些问题。比如说，性别选择技术是由母亲一个人来 198
控制，还是由夫妇双方来合作实施？进行性别选择的事情要不要跟别人说，跟谁去说？如果本来想要一个女孩，最后却生下来一个男孩，那么这种情况究竟是由这种技术的缺陷造成的？还是由于工作人员的粗心造成的？抑或是由欺骗行为造成的？如果一个小孩想知道自己当初究竟是不是父母所想要生下来的，那么避孕技术的出现会影响孩子对正面答案的接受与否。如果性别选择技术使孩子知道父母当初尝试要过其他性别的孩子，情况会怎么样？

暂且先把这些问题放在一边不管，让我们先来看一下，如果人们能够选择的话，她们会做出什么样的选择。我们能做的只不过是设想。不过，现实生活中很难找到这样的证据。我们无法研究人们实际上选择了什么，因为他们实际上并不做选择。而且即使我们去问他们（如有些研究人员有时做的那样），我们也很难得到比较严肃认真的答复。

这种情况就好像你在路上突然碰到一个巫女，她能让你实现三个愿望，以让你放她走。由于没有期待这种情况的发生，你不可能有很多时间来好好构想你的这三个愿望。关于孩子的性别选择问题，虽然不是对所有人，但是绝大多数人对此并没有充分的心理准备，尤其是那些从未生过小孩的年轻夫妇。不可能有人能够在研究人员问他们问题之后的短短几分钟之内就能够对这个问题做出决策，而且很少有夫妇会协调他们之间的分歧，或者是认真地探究各自不同的偏好，以为调查提供可能性的数据。

美国家庭增加对避孕技术的采用部分地可以被看作是有意的，所以有人就试图研究在选择是否继续怀孕时所展现的性别偏好。这种想法很简单：如果那些已经有两个男孩或者是两个女孩的家庭，比起那些已经有一男一女的家庭，一般更会生第三个小孩。那么这就意味
199 着，人们都希望自己的孩子中男女各有一个，如果头两个孩子不满足这种要求，他们就会继续尝试。但是统计数据并不能说明这种情况，因此有了其他各种解释。一个广泛的观察是只有男孩的家庭和只有女孩的家庭是两种不同类型的家庭，而且很多父母都同意这一点。这种情况也有可能，即已经有两个女孩的家庭在决定要第三个小孩时，并不是想要男孩，而是因为他们觉得两个孩子也不算多，孩子们可以增添家庭生活的乐趣，所以他们想要第三个孩子；然而，已经有两个男孩的家庭会觉得自己的家庭过于喧闹，或者对自己的家庭环境较不满意，或者同样满意，或者认识到两个小孩已经足够多了。换句话说，也可能男孩和女孩对于父母关系（比如离婚）的影响程度是不一样的，这对于是否要第三个小孩具有一定的统计影响。也就是说，如果我们确实在统计数据上观察到这些偏好，我们也不能确定我们所观察到的是对男孩还是对女孩的偏好。

更进一步地说，至少有两方面可以说明，当某一个选择变成现实时，夫妇的偏好或许会发生变化。在很多文化中，生男孩是有男性气概的象征，或者是神对这个家庭的恩赐；一个有些强制性的传统是父亲都想要男孩，而且当一个父亲宣布他家里生了一个男孩时，别人对他的恭贺听起来似乎也更发自心底。当一个家庭里的第三个小孩仍然是女孩时，连她们的祖父都会觉得遗憾。一旦我们知道婴儿的性别只是说明了母亲要么是吃了一颗蓝色的药丸，要么是吃了一颗粉红色的药丸而已，那所有这些也就不存在了。一个坚持说他很高兴他的第二个孩子像第一个孩子一样是个女孩的父亲，不会被认为是在故作姿态。因为人们清楚地知道如果他想要一个男孩的话，他也做得到。

但是，伴随这一选择的将是一系列社会学和人口学的问题，如果

父母们都可以自由选择自己后代的性别，那么后代们的性别比例就会偏离传统的 50∶50。如果在一个种族群体、地区或者社会阶层里， 200 父母们借以为孩子们选择学校、婚姻和职业的性别比例和传统的比例发生了严重偏离，尤其是当政府利用某些计划来影响这种性别比时，人们就不得不考虑作为所在群体中的多数派或少数派的好处和坏处。从目前来看，人们对于未来性别比例的计算更多的是一种预测，不过这种预测对于大家来说是一种公平的猜测。如果一个小男孩对父母报告说，他幼儿园班上有 2/3 是男孩，只有 1/3 是女孩，那么他的父母就会在决定再要男孩或者女孩之前对这个数字进行严肃的思考。

人们会为这个新技术带来的选择而高兴吗？我们仅仅是多了一种选择而已？或者多了一种冲突的来源？或者是多了一种懊悔的理由？因为生活已经要面临太多选择，而夫妇之间已经有太多容易发生冲突和争执的地方。

从人口统计学的角度来看，这种选择的影响主要是总体上的：总体性别比，或者一个涉及社会生活和婚嫁迎娶等活动的特定年龄群体、种族群体、社会经济群体和其他群体中的性别比。另外，这种性别的选择还会对家庭发生作用，尽管这种作用目前还很难评价。比如说，如果选择的主要方向是追求一种平衡的性别结构，也就是说，在一个有两个孩子的家庭中，这两个小孩最好是一个男孩和一个女孩，那就会有很多的男孩没有兄弟，有很多的女孩没有姐妹；更多的男孩只有姐妹，更多的女孩只有兄弟。根据目前的技术，在有两个小孩的家庭中，有一半的男孩会有兄弟；而在追求性别平衡的技术的引导下，男孩们不再有兄弟。

对于总体性别比，我们可以用一些简单的算术来考察，在不同的选择之间究竟有什么不同。在对欧美的访谈和问卷调查中发现，一个偏好是至少在家庭中要有一个男孩。这看起来像是一个混合的男性偏好。当然，如果家庭对女孩的偏好数量至少也是一个的话，那么实际上就不算是什么偏好了。在调查中也时常观察到家庭的一个假设性偏

好是先要一个男孩。这两种选择可能反映了相同的偏好：如果你至少
201 想要一个男孩，那么先生一个男孩就能极大地缓解这种对男孩的期盼。

要想感知一下这种计算，那么考虑一下如果每一个家庭都想先要一个男孩的情况。最后的结果要看各个家庭是否在要了一个男孩之后再随机地生其他孩子，还是先生一个男孩然后再生一个女孩以作平衡。当然，我们的计算还要看有多少家庭最后有一个孩子，多少个家庭有两个、三个或者四个小孩。假设每一个家庭都先生了一个男孩，那么只有一个孩子的家庭的孩子性别都是男性，有两个孩子的家庭，其男性孩子占的比例可能是1/2，有三个孩子的家庭，其男性孩子占的比例可能是2/3，等等。考虑到美国家庭的规模，以多种方式出生的新生儿的男性占70%，而女性则占30%。这一男女比例比2∶1还高。如果每个家庭在先要了一个男孩之后，再轮流交替地生女孩和男孩，那么有偶数个成员的家庭将会有同样多的男孩和女孩，有奇数个成员的家庭男孩将比女孩多一个。新生儿中男孩将为60%，女孩为40%。在这样的人口中，每一个女孩会有一个兄弟；3/5的女孩没有姐妹；1/3的男孩没有兄弟。

假设每个家庭都想要至少一个男孩，但不去人为选择腹中的婴儿，而只是听天由命地随机生下小孩，一直到最后一个孩子。如果他们还没有生男孩的话，就用现代技术选择一个。除了少数那些事先只想要一个孩子的家庭以外（这些家庭所占的比例远远比目前美国只有一个存活小孩的家庭比例21%要小很多），这种计划的影响很小；只有那些一直只生女孩的家庭不会受到影响，因为他们必须生一个男孩来代替那个女孩。不过如果有些家庭在完成这个计划之前就已经停止生育了，那么这种情况也不会发生。

性别比不平衡会造成什么样的后果呢？在我们所有的制度中，一夫一妻制是跟这种不平衡联系最紧密的。不过，从这方面讲，这种不平衡已经存在。第一，在不同的地域，存在着不同程度的性别不平
202 衡。在华盛顿地区，女性大量超过男性；在一些西部地区，尤其是夏

威夷和阿拉斯加，男性数量又大大超过女性数量。第二，在美国婚龄女性已经超过了婚龄男性，因为男性的初婚年龄趋向于比女性的大。随着新生婴儿每年按 3%的增长率增长，如在 1956 年之前的 1/4 世纪那样，三年的初婚年龄差距就意味着婚龄女性要更年轻一些，而且要比婚龄男性多 10%。第三，在美国女性比男性更长寿，而未婚的女性比未婚的男性要多得多。对于年龄在 45 岁以上的未婚者来说，未婚的女性与未婚的男性之比大约是 4∶1。对于 20 岁出头的年轻男女来说，他们的期望寿命之差为 6～7 岁。所以那些嫁给比自己年长三岁的男性的年轻女性们可以预计自己要比丈夫平均多活 10 年。很明显，即使在出生时的男性和女性基本实现了数量平衡，在一些重要的年龄上仍然会存在很大的不平衡。

如果出生婴儿的数量很不平衡，或者说出现周期性不平衡（发生在长期内能够平滑，但是在相继的年龄组别内存在较大的循环性的不平衡），那么政府应该采取什么样的措施呢？从“技术性政策”层面上来看，处理这种问题并不比处理通货膨胀、失业、能源、出生率的变化以及退休人员与总工作人口之比的变动等问题更难。政府可以采取一系列的财政手段来稳定婴儿出生率（比如差别化的所得税减免措施，对不同性别的差别化服役条款，差别化的大学收费标准，以及一系列的针对不同性别的优惠奖励措施和以性别为基础的歧视性的强制行为）。尽管这些不太容易出台的政策能够成功，但是从目前政府试图稳定的一些经济指标来看，内生分析上并没有多大不同。

但是，社会的甚至宪法上的含义都是非常深远的。试想一下，现在政府试图通过一项政策来实现新生儿的“目标”性别比。这时总统 203
候选人就必须辩论，让男性数量超过女性数量 5%或者 10%会不会更好，或者让女性超过男性的利弊所在。除了需要在政府的支出、收入和管制计划中融进一系列以性别为基础的奖赏和惩罚措施外，对拥有多少“正确”数量的男女需要制定一定的政策。

已经有人指责，联邦政府推出的帮助穷人阶层的家庭计划有种族歧视的含义，甚至还有种族歧视的动机。设想一下，政府设立了明确的人口目标会有什么结果：总统会通过采取一些措施，使通胀率控制在4%以内，使失业率控制在5%以内，使多出生的男婴控制在6%以内。

所以说，不仅仅是父母们可能不愿意享受这项新技术所带来的新选择。还有一些事情——天气情况可能算一个，婴儿的性别也算一个——无法更好地控制。给出的公正是随意的，但它可能比歧视要好。

选择其他特征

有没有你可能要考虑选择的其他特征？

体型？
长寿？
种族认同？
左撇子或右撇子？
视力？
体育素质？
智商？
秃顶程度？

用以选择的技术可能因为这些特征的不同而不同。有一些特征跟
204 连续的变量相关联，比如说长寿和体型；而有些特征跟离散的变量相关联，比如左撇子和秃顶；有些离散的选择，比如说跟“病理学”相关的选择，可能需要经过检测才能得到某种特定的唯一特征；其他的选择可能涉及某个极端值或者平均值。有一些选择可能跟某个特定的染色体一一对应，而其他的选择则可能与某一染色体有关但并不是一一对应。比如说，决定长相的基因肯定比决定长寿的基因更集中于染

色体上。最后，两个或两个以上的特征可能由同样的染色体来决定，这使单独挑选这些特征比较困难。

选择后代的一些人口学后果

如果在连续几代人中，绝大多数的父母都希望自己的子女比其他人都高大一些的话，我们最后将会使我们的后代变得非常高大，“我们”是指人类，而不是指 20 世纪的父母。世界上将来所需要的是更矮小的人，而不是更高大的人。即使父母们对孩子的体型并不太关心，仅仅是希望孩子的个头不要低于最矮的 10%，那么如果人人都这样做的话，人们的平均身高就会受到显著的影响。由于预期到别的父母会挑选更高大的孩子，所以每一对父母都会放弃原来的放任自由的挑选孩子的方式，以平衡将来的风险，从而避免使自己的孩子因父母这一代稍微低于平均数，而到了他们那一代就显著地低于平均数。这种选择的结果就会使后代身高的增长像更熟悉的通货膨胀现象一样。

选择后代在文化方面的一些后果

假设我们当中的大多数人并不在意自己的孩子是右撇子还是左撇子，但是如果有机会选择的话，还是更希望自己的孩子不是左撇子，因为左撇子有时不太符合大众的习惯。如果很容易选择成为右撇子的 205
话，大家可能更希望将左撇子从一个很普遍的、无关紧要的特征——甚至还是某种值得自豪的特征——转变为一种较为少见的特征，以至于人们为了防止自己的后代成为具有某种少见特征的孩子，而会尽量避免这样选择。就这样，由于大量并没有协调过的个体行为，一个本来很普通的特征就变成了一种缺陷。

预测，还是猜测?

这一定是一个猜测性的话题。不管我们对于基因选择技术的发展情况是否明了，也不管这门技术将来能够给我们提供多少选择染色体的机会，我们总是会面临很多的不确定性：不是缺少用以猜测的元素，而是可供我们猜测的无用数据太多。根据这些数据，我们可以猜测别人的选择，可以猜测其他人对别人选择的猜测，以从这些猜测中可能得出的动力。我们还可以用这些数据猜测人们对于个人选择的态度和职业意见，政府和宗教部门可能推行的政策，以及个人决策的方式。这种决策通常涉及父母或者其他更多的人。

我们要想辨认出在什么时候哪些选择是极端危险的，哪些选择是轻率的，就更困难了。我想，在前面我所罗列的一大堆特征中的最后一个特征“秃顶”，应该算是比较轻率的一种了。阅读广告页就可以了解，秃顶成为一种“病症”，虽然并非完全如此。关于社会发展过程中的一些探索性质的投机行为，比如为后代选择特征，如果我们关注其中某些并不是非常重要的选择，也许我们就能享有更大的选择自由。“秃顶”也许就是由社会文化所决定的一个“审美学”选择，它可以被用来作为“长相”或者“容貌”的代名词，它对人群中的分布密度极为灵敏，并且还跟性别相互关联。它也许可以用来显示一个社会中的歧视和不公平是如何产生的。

与传统优生学的对比

206 秃顶还可以用来显示传统的优生学和未来对染色体的可能选择之间的惊人差异。差别是这样的，优生优育和畜牧业有点相似，但更偏重于父母的选择；我们现在所讨论的是从父母那里选择特定的染色体。传统的优生学——在这里我指的是大概在一代人之前提出过的用来“选择我们的后代的基因”的任何可能的措施——包括了是否让一个人成为父母的决策。（这一点在畜牧业中是不一样的，在畜牧业中，我们可以有选择性地消灭后代、使后代绝育或者是阻止其进一步繁殖。）所以说，这种做法会涉嫌干涉了一个人最重要的个人权利。现在我们所讨论的对染色体的选择就显得较为人性化。对染色体的选择可以听天由命，也可以人为地由父母进行选择。父母一方的一个主要“特征”在第二次尝试时就会有 50 对 50 被筛选成功的可能。而且如果精子能够被筛选到的话，那一个主要的特征就能够从大量的精子中挑选出来，而且对父亲而言没有任何损失，除非应选择出的特征包含了一个染色体，它影响到了其他的特征，比如说孩子的性别。在染色体中的那些可以追溯到上几代祖先的隐性特征，在这个选择过程中也可以用相似的方法去掉。相对于严重的疾病而言，能够从生出不好的孩子和不要孩子之间解放出来，可能是一件巨大的幸事，而且在某种情况下，这种可能已经变成了现实。这个原则对于那些轻率的选择同样适用。

也许目前最大的约束条件就是，可能决定孩子性别的染色体还决定了孩子的其他特征。这是关于“基因在染色体内”集聚的一个很好的例证。这也是关于性别选择的一种特殊的尽管不是独一无二的重要性所在。如果一对夫妇想要一个男孩或者女孩，那么他们就只能接受由决定性别的染色体所决定的其他特征。

一些动机性的或者人口学意义上的结构

为后代选择不同的特征的动机和方法可能是多种多样的。有一些 207
特征可能是人们要避免的，因为不管这些特征在社会上出现的频率如何，其社会地位决定了具有这些特征在社会中可能会留下比较痛苦、尴尬或者是令人恐惧的记忆。这些特征被认为是不健康的表现。

还有，一些特征由于比较少见或者代表了分布的极端值，所以被认为是危险的和不合时宜的。它们中的一部分，但不是全部，被认为是不合时宜的，因为社会对它们有偏见。（不过，一些比较少见的特征正是由于其稀缺性，甚至因此而具备了较高的经济价值。）不过，在那些人们可以进行自由选择的特征和已经被外部环境所决定的选择之间，还是有很明显的区别的。前者为人们沿着某种价值取向选择的数值，与他周围相关人口的频繁性特征和平均值无关。人们所偏好的体型应该是有很多前提条件的。人们基本上都希望自己的体型比平均水平高一些，但是如果每一个人都这么想的话，那我们就应该认真思考一下，是否有必要长高 6 英尺而不是 3 英尺。

然而，并不是所有的外部环境条件都是竞争性的。人们希望长到平均个头就够了，因为这样比较容易找到适合自己体型的衣服和裤子；不过他们也许也希望自己能够比别人体型更大些、更强壮些，也更高些，因为这样的话，在某些方面会有优势。在一个竞争性的环境中，大家都希望自己能够拥有某些让别人处于劣势的特征，比如身高；而与之相反，音乐天赋却不是这样的。一个有音乐天赋的孩子能够让身边的人产生愉悦的感觉，而不是使身边的人感到处于劣势。

但是，某些由外部环境所决定的选择可以是遵从、融入，或是认
208 同，而不是简简单单地“适应”或者“超越”。比如，父母可能让孩子的肤色跟大众基本一致，头发的颜色要跟别人不一样，个头比一般人要高一些，与自己所属的种族相像或者不相像，长寿但是不必早熟早慧。

这些不同的偏好会形成非常不同的动态变化趋势。如果长寿不会牺牲其他方面有用的特征的话，那肯定就是一个极有价值的特征，尤其是当它能够有效地防止短寿时更是如此。父母们为孩子们所进行的非自然选择的这个特征通过影响部分或整个人口分布，肯定会使人口平均年龄上升。配偶或同伴们预期寿命的上升，更会使长寿有价值。

很难想象，如果能为孩子们的面相或其他可以看得到的特征做出选择的话，那情况会是什么样。个人选择可能会使整个种族的特征发生融合，也可能会使整个种族的特征发生分化。

智商可以被当作是一种竞争性的特征。由于它本身比较有价值，所以可能在一个竞争性的社会里，智商会被更加认为是一种更富有价值的特征，不管这种竞争是建立在对智商测度的基础上，还是建立在智商起很大作用的学校竞争的基础上，或者是一个人在竞争性职场上的成功程度的基础上。如果父母们都相信在父母对染色体的人为选择下的基因组合比随机选择下的更能提高孩子的智商；如果父母们都相信，在某些社会阶层中，人们都在利用这门技术，那么他们就会觉得有压力来进行选择，这不是因为他们对其孩子的智商不满，而是想到，必须与新一代人看齐。

为谁而选择?

智商和长寿两者之间有趣的区别在于，智商更注重自己的幼儿在成为孩子时的表现，而长寿则更注重孩子在成年以后的表现。如果决定一个人长寿与否的染色体跟智商没有关系，那么选择的难度在于父
母从无数的精子中挑选出智商和长寿的最佳组合，或者根据将来的智 *209*
商和长寿程度将那些表现不佳的胚胎流产掉。那些即将要生小孩的父母们，考虑更多的是他成为小孩时的情况，而不是他们到老年之后的状态。

与此同时，这些父母们本身并不是小孩子了。一位父亲大概不会希望自己的孩子在上中学时就已经秃顶了，而如果他本人的年龄已经足够大的话，他大概会考虑为正在扩大的家庭做一些财产安排，考虑自己的生活，并且可能的话，他还会考虑为自己的事情做出一些应有的安排，而不仅仅是为孩子做选择。

拥有选择的后果

至少在两方面，选择染色体的能力不会有人利用。首先，在一些我们非常热衷的选择上，我们所做的一厢情愿的选择也许只会使事情在整体上变得更糟糕。我已经用孩子的体型举例说明了这个问题。也许对于个人来说，比别人高大一些也会有一些好处，但是从集体来看，人口平均身高的上升，并不是一件什么好事。

有一些本来比较细微的缺陷，如果在社会中变得越来越少见，但还没有完全消失，那么通过大众的“不受人欢迎的比赛”，就会变成一个不良的特征。尽管一两个例子并不足以说明集体选择的社会学和人口学后果会大于收益，但是也足以提醒我们，由外部决定的资源的集体选择并不一定能够保证带来什么好处。

第二个困难存在于家庭内部。比如说，对孩子性别的选择问题。这是增加即将成为父母的夫妻之间以及他们与对方的父母之间意见不一致的来源之一。（如果选择孩子性别的技术并不是十分过硬，那么他们尽管能在一起决定生男孩好还是生女孩好，但是最后要得到所偏好的孩子是有一定风险的。）那些已经有了一个男孩和一个女孩，但
210 是还想要第三个孩子的家庭，要冒的风险就更大。

长得比较瘦弱的男孩也许会想，如果当初不是他的母亲坚持要在他出生前把他的较强壮的体型方面的基因换成音乐天赋方面的基因的话，那他也可能和别的男孩一样强壮，现在就可能不在上小提琴课。如果对他说，“他”本来就只有一种大小，他也不会满意这种回答的；他可能是 60 万亿个小男孩或小女孩中的另外一个。

【注释】

[1] 决定性别的染色体除外，因为它们会影响精子的大小、重量甚至是生命，并且通过离心机或者其他技术可以被分离出来。

第 7 章

曲棍球头盔、夏令时以及其他二元选择

布卢恩斯队的特迪·格林（Teddy 213
Green）在打曲棍球时脑袋挨了一棍子。结果，《新闻周刊》（*Newsweek*，1969 年 10 月 6 日）马上就有评论：

> 出于某些缘故，队员们从来不主动戴头盔。芝加哥的球星巴比·哈尔（Bobby Hull）一语道破个中缘由："虚荣心"。但是很多队员坦率地承认，戴上头盔打球，会降低他们的速度，使其处于不利地位，而有些人则是担心被对手们嘲笑。只有担心打球

> 时会受到像特迪·格林那样的伤害，或者是有某种规则的约束时，大家才会带上头盔……有个球员很好地总结了大家的想法："不带上头盔是愚蠢的，但我还是不想戴，因为其他人都没有戴。我知道这样做是非常愚蠢的，但是绝大多数人都有这样的感觉。不过，如果联盟要求大家都戴上头盔的话，我想大家都会乖乖地戴上它，而且也没有什么好介意的。"

这则《新闻周刊》的评论还引用了董·奥瑞（Don Awrey）的话，"当我看到特迪的模样时，我当时的感觉糟透了……从现在开始，我一定要戴上头盔，我也不再去管别人说我什么。"但是第 38 频道（波士顿）的观众们知道，奥瑞实际上并没有这么做。

这一章所要讲的是关于二元选择的外部性问题。这些是要么这样要么那样的选择。"外部性"指的是，你比较关注我的选择，或者我的选择会对你产生影响。也许你并不在意，但是你必须知道：当我们相遇时，你应该从左边还是右边走过去；或者你也许并不需要知道，但是你也许会在意：不管我是否开车，你都会开车，不过你还是希望我能够不开车。[1]

要不要为属于你自己的那份埋单就是一个例子，在打曲棍球时要
214 不要戴头盔也是一个例子。同样的还有，要不要把你的狗拴住，要不要在 ERA 选举中投赞成票，要不要继续待在某个社区内或是搬走，要不要加入一个商品抵制活动，要不要在请愿书上签名，要不要打预防针，要不要携带枪支，要不要购买责任保险，要不要买一个拖车链，驾车时要不要开前灯，要不要骑车去上班，要不要修理自家房前的人行道，或者要不要使用夏令时，等等。问题不是研究每个人做多少，而是有多少人做出这种选择或那种选择。

加入一个具有自我约束力的组织，或是不加入并随心所欲地做自己想做的事情，就是一个二元选择。如果我们考虑到一个组织可能施加的各种限制，那么我们就会有很多问题；但是如果组织已经存在，

它的规则已经固定下来，那么加入还是不加入就是一个二元选择。如果要认可一个核计划协议，或者是要对最高法院的判决举行听证，那就有多方面的选择，除非这项协议或听证已经完成。通常情况下，那仍然是一个二元选择的问题。[2]

在某些情况下，不同的安排结果也是不一样的。假设每一个人都需要 100 瓦的灯泡照明才能进行阅读，邻座的灯泡能够给自己提供相当于邻座灯泡一半亮度的照明，并且每个人头顶上都有一个 60 瓦的灯泡，这样的话，只要每个人的左边和右边都开着灯，他就能进行阅读。将一群人围成一圈，如果别人把他们的灯打开，每个人都会把自己的灯打开（如果有邻居不开灯，那么他也不会开灯）；将这群人排成一排，坐在两边的人不管怎样都没法阅读，于是就只好关掉自己的灯，这样造成他们各自的邻座也得不到足够的照明，于是也会关掉自己的灯，这一过程最后的结果就是，大家都把自己的灯关掉了。在这里，我们只讨论每个人的处境都完全一样的情况。不管他们做出什么样的决定，每个人最后的处境都完全依赖于旁边的人数。

知识和观察

如果人们依赖于别人的行为来决定自己的行为模式，那么他们能 215
否发现别人在做什么就很重要。在下雪天，只要我环顾一下四周，就能知道有多少人用了雪地轮胎；不过在出现紧急情况时要想知道有多少路过的车上有拖车链，就显得有点困难了。我不可能知道周围的人有没有接种疫苗，除非我让他们一个个把袖子都卷上去；不过我的私人医生只要看一下统计资料就能告知我这个数据。我对学校里有多少人经常穿西装去教师餐厅进餐较有把握；但是，在某次非正式的聚会上，究竟有多少人会穿得比较正式，而有多少人会穿得比较随意就很难知道，除非我决定亲自到场。

连续性的或者是重复性的双向选择，如果是易于观察到的而且是没有转换成本的话，就可能准许我随时根据大众的行为模式来调整自己的决定。那些不容易改变的决定往往是在不清楚的状态下做出的。有一些决定，比如什么是对老板抗议的辞职，是容易观察到的；而有一些决定，比如上了膛的枪支或者是种痘留下的疤痕，有可能是明显的，也有可能是隐性的；有些选择，比如扔废弃物到一个公共的水池里，既不容易看见，也不容易被发现。某一项政策或者是规定能否得到有效执行，只要看是个人的行为还是集体的行为，抑或只有一定比例的人的行为能被有效地监测到。除非特别说明，我一般认为，人们能观察别人的行为，并会按照别人的选择改变自己的行为模式；但是我们应该记住，这仅仅是一种我们比较容易处理的特殊情况。

事实上，人们真正“看到并去适应”的，有时候并不总是选择的数量，而是选择的后果。参议员要投总统提名人的反对票，可能会对投给提名人的反对票总数非常关心；并行停车的车主更关心可能造成
216 不安全的人数，而不是人数本身；那些选择不为自己的孩子接种疫苗的父母们，会对别人家孩子的接种能带来多少保障关心，尽管他们也许更清楚有多少人接种，而不清楚有多少人不接种。数量本身和这些数量背后所隐含的后果（这是大多数人真正关心的，也是能够观察得到的）之间的区别，在某些特定的情况下应该是很清楚的；但是在这里，我通常还是假设人们更关心选择本身，而且能够对选择看得更清楚。

那么，我们现在有的，是一个包括 n 个人的群体，每一个人都可以在“L”和“R”（“左边”和“右边”）之间做出选择：在一条水平直线上，这对应于两个方向，或者在实际生活中，它表示人们选择在某条道路上的左边走或者是右边走，或者表示两个持不同政见的党派。对于任何一个人而言，选择“L”或者“R”所能得到的收益，要视究竟有多少人选择“左边”或者“右边”而定。

囚徒困境

对此问题的一个较好的入门讨论是被称为“囚徒困境”的二人博弈模型。它分析了两个人之间的二元选择。具体描述如下：

（1）每一个人都有一种无条件的偏好：不管对手做出的是什么选择，自己都偏好同一选择。

（2）每一个人都有一种对对方行为的无条件的偏好：这种对对方行为的偏好并不受自己所做出的选择的影响。

（3）两个人的偏好方向是相反的：每一个人偏好的选择不是他希望对手偏好的选择。

（4）两人偏好的强度说明，如果两个人都能够做出那个他们所不情愿做出的选择，而不是两个人都偏好的选择，两个人的福利会增加。

图 7—1 给出了一个描述性的矩阵。其中一个人 R，代表“行”，他所做出的选择可以用选择图中的上下行来表示；而另外一个人 C，代表“列”，他所做出的选择可以用图中的左右列来表示。在每个方 217
格中，左下角的数字代表 R 的选择的收益值，右上角的数字代表 C 的收益值。不管 C 的选择是什么，R 都偏好于下面这一行的选择；而不管 R 的选择是什么，C 都偏好于右边一列的选择。如果是这样一种选择的话，那么最后两个人的收益都为零。如果两个人都选择自己“不偏好”的选择，那么最后的结果就是左上角的那个方格，每个

C
（选择列）

	1	2
R （选择行）	1	−1
	−1	0
	2	0

图 7—1

说明：在每个方格中，左下角的数字代表 R 的收益值（选择行）；而右上角的数字代表 C 的收益值（选择列）。

人的收益都为 1，如果他们各自转换到他们偏好的行或列，每个人都可以多得到 1 个单位收益，但是会给对方造成 2 个单位损失。

这种情况很容易描述。但是，当我们考察多人模型时，这个情况就会变得模糊起来。如果只有两个人，那么“其他人”指的就是“其他所有人”；而如果人数超过两个，那么就存在很多中间可能性。我们必须用一种比较清楚的定义来准确地反映囚徒困境的实验，然后来看我们是否有一些足够清晰的结论来给予它一个合适的名称。

概念的扩展

这里有两个重要的概念问题。(1) 周围选择非最优化决策的人越多，个人是否总是会获得效用改进？(2) 无论其他人选择做出何种决策，个人的自我偏好是否总是会保持不变？

218 为了定义起见，我们暂时对以上两个问题给予肯定的回答，同时假设在这个问题中起到作用的只是人数（即不存在个体特性），并且所有人的收益排序对所有人都是一样的，我们可以对一个标准的多人囚徒困境（后面简称为 MPD）作出如下描述：

(1) 有 n 个人，每个人都有相同的二元选择和相同的收益。

(2) 无论别人如何选择，每个人都有一个偏好的选择；并且这个受偏好的选择也是其他人偏好的选择。

(3) 无论一个人做出的选择是什么，周围选择不受偏好的决策的人越多，他就越能获得效用改进。

(4) 对于某个比 1 大的数字 k，如果排序等于或超过 k 的个人选择了不受偏好的决策，而剩下的人选择了受偏好的决策，那么那些选择了不受偏好的决策的人将比在所有人都选择受偏好的决策时获得的效用更大；但是对于排序小于他的人来说，这个结论不成立。

将以上四个陈述作为囚徒困境问题的可能扩展，我称之为 MPD

模型，我们立即可以发现，k 是一个重要的参数。它表示任何能通过放弃最受偏好的选择而获得收益的群体的最小规模。这个最小的有组织的人群能为加入其中的人带来好处（尽管可能会对没有参加组织群体的人带来更大的利益），不过，他们很厌恶那些搭便车的人。

在一条从 0 到 n 的横轴上我们可以画出两条收益曲线。（在此，为了方便，我将 n 个人转换为 $n+1$ 个人，这样对任何一个人，n 表示他人的数量。）一条曲线表示受偏好的选择，这条曲线被认为左起于 0 点，并向右逐渐升高，可能渐趋平缓，但是不会下降。在这条曲线下方我们画出不受偏好的选择曲线，这条曲线起于 0 点之下，逐渐升高，与横轴相交于某一点，记做 k。我们用 L（“左”）来表示人们偏好的选择，用 R（“右”）表示人们不偏好的选择。选择“右”的人数用横轴上任意一点与左端点之间的距离来表示。当横轴上的值为 $n/3$ 时，即该 219
点位于从左到右的 1/3 处时，这两条曲线表示对于某个人来说，当周围的人有 1/3 选择 R，2/3 选择 L 时，他选择 L 或 R 时获得的价值。

图 7—2 给出了符合这一定义的几条曲线。对这些曲线的唯一限制在于每幅图中的两条曲线的四个端点都像显示的那样与纵轴相交，并且每条曲线都向右逐渐升高，彼此互不交叉。将图 7—2 中的每一幅图与现实情况对应起来是一个很好的练习，我把这个任务留给读者。在其中的图 A 中选择 R 的劣势是一直存在的；在图 B 中选择 R 的成本随着选择 R 的人数增加而增加，选择 L 会比选择 R 获得更多的外部性收益。

对于不同的个人来说，选择 R 和选择 L 所带来的“价值”增加也许有共同的度量尺度，也许没有。对于气味、噪音以及其他外界刺激所产生的反应并不能在人群中进行累加。即使有共同的度量尺度——比如生病的频率、排队等候的时间损失、电话中的忙音——如果不加选择地进行加总，结果也可能是毫无意义的。即使不假设我的时间与你的时间具有同样的价值，那研究我们之间的时间损耗总量也是有意义的。通常情况下，如果对于不同个人的权重与他们对 L 和 R

220

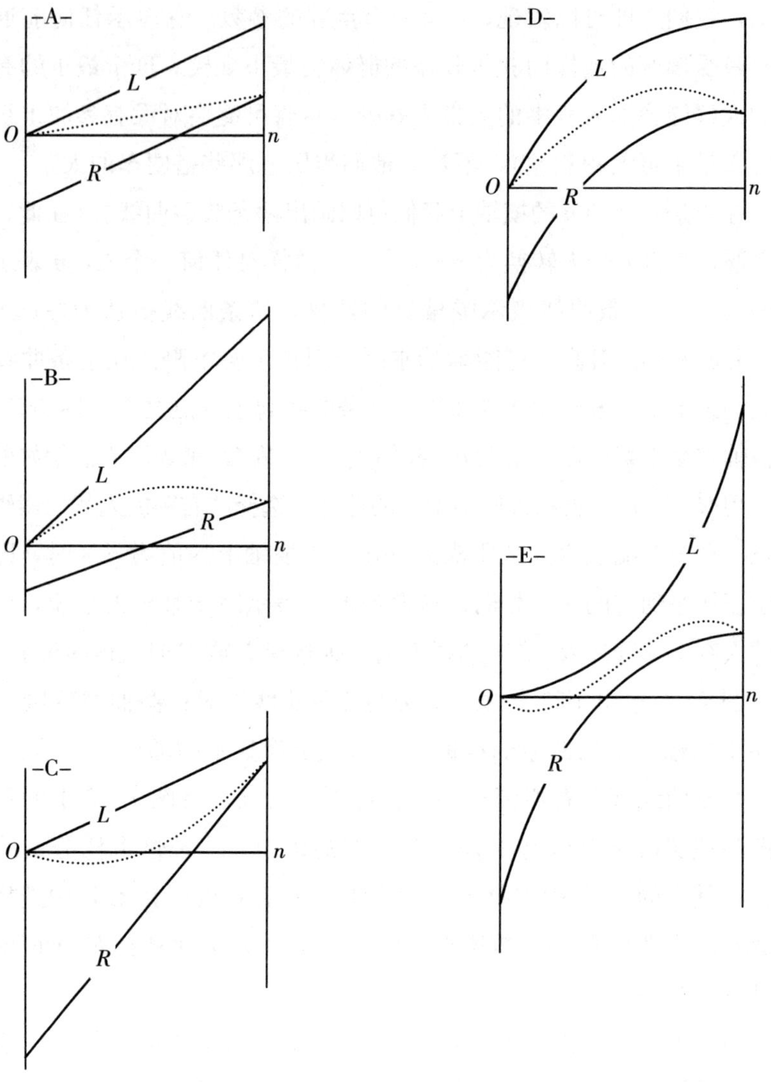

图 7—2

的可能选择之间不存在所期望的相关关系，一个简单的总数就可以用来代表某种适当的加权和。图 7—2 中的虚线表示选择 R 和选择 L 的人所得到的总价值（或称平均价值）。在图的左端，每个人都选择 L，总价值（或平均价值）与 L 曲线重合。在图的右端，总价值则与 R

曲线重合。在横轴中点上，总价值曲线点正好位于 L 曲线与 R 曲线之间距离的中点上，而在 1/3 和 2/3 的分界点上，总价值则正好是从 L 曲线到 R 曲线之间距离的 1/3 与 2/3 的分界点。

重要参数

在对 MPD 进行描述的过程中，一个重要的参数是 k，即可行性 221
联盟的最小规模。在此，“可行”指的是在二选一的决策选择的基础上，假设不再有其他人合作，某个合作者群体人数达到 k，就一定能够从选择 R 策略中获益。这是能够自我获益的最小规模组合。显然，要刻画任意一种 MPD 情形，我们需要不止一个参数。图 7—2 表明，即使 k 是固定的，各种 MPD 情形也是存在差异的。然而，现在暂时假设 k 不变，我们可能会问是否要集中考虑 k/n，或者说 $n-k$ 等。

如果 n 是固定的，这些情形都是一样的。但是 n 在不同情况下各不相同，所以 k，k/n，以及 $n-k$ 是不是控制参数不是一个定义问题，它取决于我们所讨论的是哪种情况。

如果 k 是遵守国际捕鲸配给量的捕鲸船数量，那么关键的参数可能不是 k，而是 $n-k$。如果不受限制的捕鲸人数足够多，那么就没有人能够通过限制自身的捕鲸行为而获得利益。如果收费公路上的汽车使用弹性是无限的，那么无论我们如何限制自己的驾驶行为，我们也无法缓解公路拥堵问题。

另一方面，如果捕鲸者需要一个灯塔，并且现在的问题是如何对灯塔的成本进行补偿，那么捕鲸者就只需要建立一个足够大的联盟，在这个联盟中细分建造灯塔的成本，使灯塔为他们带来的收益超过他们每人的成本。如果灯塔对每艘船的价值与获得多少收益无关，那么排序为 k 或更后的捕鲸者的成本收益就能持平，或通过分摊成本来增加收益，而不管有多少船只没有对使用灯塔付费。

如果起作用的变量是比例——比如装载紧急设备的船只部分——k 将与 n 同比例变化。因此，我们得到标准的 MPD 模型的第二个重要特征：k 和 n 之间的关系。

222 第三个重要的参数是在 L 和 R 两种选择之间的价值差别是什么。随着联盟规模的变化，选择 L——即不参加联盟——的积极性是会增加还是会减少？如果进入捕鲸行业是受到限制的，而我已经在这个行业之中，被限制捕鲸数量的人越多，我在这个自我限制联盟之外能捕到的鲸鱼就越多。从另一个角度来说，如果参加这个联盟仅仅需要支付建造灯塔的成本份额，那么加入团体的人越多，分摊的份额就越少。

我们可以根据选择 R 的人数变化所带来的两条曲线之间的垂直距离的变化来计算这个成本。在图 7—2 中，有的曲线之间的距离向右逐渐扩大，表示差异在扩大，而有的曲线之间的距离则逐渐减少，表示差异在缩小。

如果我们将这些收益价值作为增加值的话，我们可以得到第四个重要的参数。这就是使总价值最大化的选择 R 的人数（在图 7—2 中由虚线的最高点表示）。如果定量配给机制过于严格，那么如果有些人选择 L，即有些人不参加有限制性的集体，捕鲸者集体行动就可以捕到更多鲸鱼，或者获得更多利益。接种天花疫苗的最优人数通常要比总人口数少，因为疾病传染的风险与免疫人数成比例，而在流行病学上接种疫苗的收益在达到百分之百以前就开始逐渐减少了。

在有些情况下，如果对联盟的条款进行适当界定，集体最大化只有在所有人都选择 R 时才可能出现。如果设定每人每个季节只能猎取一头鹿，那么护林员将不得不全体出动去寻找那些过度捕鹿的人，这种规定是很愚蠢的。如果所设定的猎捕数量使猎手们都能遵守，并且获得最佳收益，那么就无需依靠某些搭便车者来管理鹿群。然而有时并不能如此安排，比如我们很难设计出一个机制，使每人每个季节都能猎获 4/3 头鹿。

接下来利益冲突出现了。考虑一下疫苗接种问题：如果最优的接种数是人口的 90%，并且每个人不可能只接受 9/10 的疫苗接种，那么必须有一个体制来决定谁接种疫苗谁不接种。（事实上，人们确实可以“部分”地接种，只需要在免疫力下降后再接种的间隔时间较长 223
就行。）在高速公路问题上和猎鹿者问题上，人们可以寻求必要的数量调整，以使得所产生的最佳利益为全体成员都满意，尽管为了维持一定比例，有时不得不准许人们每 3 年猎取 4 头鹿。

自从 1949 年以来美国还没有出现一例天花病例，并且人们也相信这种疾病目前已经在全世界被消灭了。接种天花疫苗所带来的并发症迄今为止只造成了一例意外死亡，大约 1 000 个人里有一个人会出现轻微的过敏反应。美国公共卫生局也不再推荐对年轻人进行常规的天花疫苗接种。因为免疫力在逐渐下降，许多曾经接种过天花疫苗的成年人可能现在已经不再具有免疫力了。

假设美国公共卫生局宣称，考虑到疾病及其蔓延，以及接种疫苗的风险，美国最佳的疫苗接种人数是总人口的 2/3。你会选择让你的孩子接种吗？（假设它还同时提到，如果总人口的 2/3 接种了疫苗，那对于全国来说就是最优选择；然而，对于个人来说，不接种疫苗则是最好的选择。）

如果集体利益的最大点发生在 k 的左边，那么可能会有更多冲突发生。除非我们能够解决分配的问题，否则集体最大化就必然会给选择 R 的人带来净损失，而不仅仅是少获得利益的问题。如果人们有自愿的选择权，所做的选择是非此即彼的，并且选择是不可补偿的，那么任何一个可行的联盟都会陷入大而无效的情形。

值得注意的是，一个联盟——即便是一个非自愿的联合体——可以仅仅通过它的存在而改变收益。在最近的一篇研究高等学校的舞会的文章中，作者描述了在她做出要求穿燕尾服的决定时一些男生的行为反应：这些男生不愿意自己到外面去借燕尾服，但是又赞成穿燕尾服的主意，因为“对许多人来说，这可能是他们盛装打扮参加舞会的

唯一机会”。还记得巴比·哈尔对头盔的反感的解释吗：虚荣。人们
224 自愿戴上头盔可能会被视为一种软弱的行为，但是如果一个棒球运动员戴上棒球头盔，没有人会认为他是个懦夫，因为如果他不戴头盔，棒球联盟会不让他参加比赛。人们不仅会经常性地戴摩托车头盔，而且在要求佩戴的州里，他们可能会更乐意戴头盔。本章中我将再次假设，收益仅取决于选择本身，而不取决于选择产生的方式，但是读者必须对其他的可能性有清醒的认识。

我已经用了“联盟”这个词来表示被引诱选择 R 策略的那些人。他们这样选择可能是因为某个可执行的协定，或者是受到他人的强迫，或者是因为他们相信自己的选择可以使别人也做出同样的选择，而如果他们不做，别人也不会做这种选择，或者是他们恪守一项做人准则的结果。

但是，“联盟”通常有一个制度性定义。它表示在这个特定的二元选择中，拥有足够规范的组织结构的一个群众子集能为团体中的成员，或部分成员，或者在一定情况下的所有成员形成一个集体决策。他们可以是某个协会中的成员，例如贸易联合会、教工会、枪支俱乐部或老兵组织，他们在政治活动中作为一个集体进行投票，遵守一定的规则，共同捐献，或者加入更大的组织中去。团体行动有以下两种方式：要么对成员的个人选择做出限制，要么团体代表他们做出集体选择。

一些不同的结构

到现在为止，我们仅仅考察了 MPD。我们还必须研究其他几种情况：曲线相互交叉，并在交点、端点上达到均衡；或者两条曲线向相反的方向倾斜。我们必须研究这样两种情况，一种情况下人们想和别人做同样的事情，另一种情况下人们尽量回避与别人做同样的事情。

然而，首先我们需要清楚地知道，为什么囚徒困境会受到如此多的关注。它的独特之处就在于，它能生成一个无效均衡：给定他人的

行为，每个人都选择对自己最有利的策略，然而如果每个人都做出相反的选择，所有人都能获得效用改进。这就要求社会组织做出努力，寻找一些能形成集体决策的方法，或者能达成某种可执行的协议，或者重塑人们的行为动机，以使人们放弃他们原本可以选择的行为，而做出相反的选择。 225

然而，当人数比较多时，囚徒困境所体现的无效均衡就不是那么明显了。我们可以画出一些关于选择 R 策略和 L 策略的人数的曲线以找到无效均衡，这些曲线不具有 MPD 曲线的形状、斜率和端点特征。

因此，我们也许应该在此确定一个一般性问题，这个问题不是囚徒困境中的无效均衡，而是指所有这样的一些情况，即：在这些情况下，通过非一致性选择和非限制性选择所能达到的均衡都是无效的——也就是说，通过协调的、限制的、组织的、管制的或集中的决策，能够使每个人获得效用改进。或者使某些集体的总利益扩大的所有情况。

在这些情况下，我们应该对以下两种选择进行区分：(1) 自我约束条件下已经形成的占优选择——这种情况下，人们更偏好两种完全不同的均衡中的一种，但是可能会陷在他们并不偏好的那种均衡中。(2) 通过强制要求、可执行的协定、集中化决策，或者其他一些使每个人的决策都建立在他人决策基础之上的办法而形成的占优选择。MPD 是要求执行非均衡选择行为的多种情况中的一种特殊情况，尽管还并不是非常特殊。

我们必须清醒地认识到，对于处于 MPD 或类似情况下的人，组织人们执行限制性的选择是他们的问题，而不是我们要做的。“他们”可以是一群坚守沉默原则的诈骗犯，也可以是一群组织抵制运动的偏执狂，也可以是组织市场垄断的密谋者，或者是策划秘密会议的政治反对派。

交叉曲线

为了使 MPD 适合这种更大的类别划分，让我们来看 MPD 中选 226

择曲线为直线的情况——以图 7—2 中的 B 图为例——如图 7—3 那样将 R 曲线上移。R 曲线穿过原本位于上方的曲线，L 曲线不再是无条件的最优选择曲线。在图形的左部，仅有少数人选择 R，R 是受偏好的选择。如果我们假设进行了任意一种有序的调整，我们就能在两条曲线的交叉点处得到了一个稳定均衡。[3] 如果多于这个数目的人选择 R，L 就会成为更好的选择，人们就会放弃 R 而选择 L，直到这两种选择的价值相等。选择 R 的人越少，R 就是一个越有吸引力的选择，人们就会放弃 L 选择 R，直到 R 的优势消失为止。

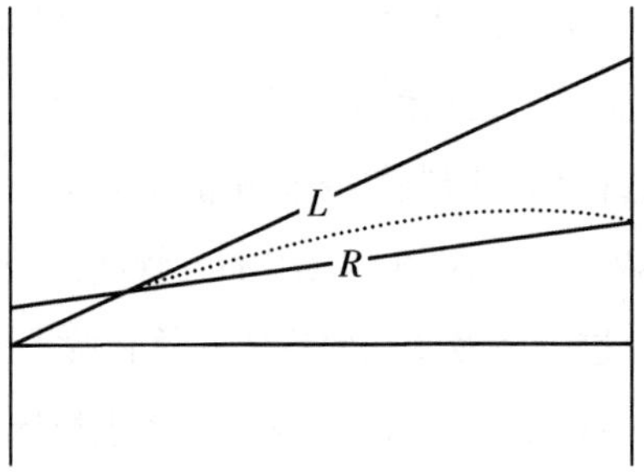

图 7—3

这个均衡点不可能是集体最大化的点。如果有些原本选择 L 的
227 人选择 R 的话，那所有人都会从中获益。选择 R 策略的人数沿着曲线上升；所有放弃 L 而选择 R 的人都将在 R 曲线上达到一个比他们原本所处的"均衡点"更高的点。(集体最大化可以在右端点之外的任何一点发生。)

那么这种情况与 MPD 有多大的不同呢？对所有人来说，两者所提供的均衡点都劣于当更多人选择 R 策略时的价值。

MPD 与这种情况的区别仅在于，在 MPD 均衡点上，没有人选择 R 策略；而在交叉曲线情况下，两条曲线都向右上方倾斜，有人选择 R 策略。但是两者之间的这种区别并不是很明显。在两种情况下均衡都是无效的：如果更多的人选择 R 而不是都集中在均衡点附近，那所有人都能获得更大利益。而在两种情况下集体最大化并不需

要所有人都选择 R 策略。

（没必要要求所有人的汽车后备箱里都备有拖车链。每两辆车有一根拖车链就行了，两根拖车链并不比一根拖车链更好。表示“有拖车链”的 R 曲线应该是接近水平的；表示“没有拖车链”的 L 曲线起点基本上位于 R 曲线下方，逐渐弯曲并且穿过 R 曲线，渐趋右端点并变得与 R 曲线平行，两条曲线之间的垂直距离相当于拖车链成本。如果人们能够观察到汽车拖车链的使用频率并能做出相应反应，那么两条曲线的交点就是一个均衡点。因为“有拖车链”的曲线是水平的，所以均衡点正好相当于每个人都购买并准备了一根拖车链，但并不显优； 228
集体占优点必须具备更大的拖车链使用频率，但不是百分之百。因为存在曲率，所以处在均衡点之下的拖车链数量所造成的不足对于选择 L 的人来说是非常严重的。）

在图 7—3 中，在图形右边，L 策略受偏好（此时多数人都选择了 R），而在图形左边，R 策略受偏好（此时多数人都选择了 L）。如果保持两条曲线都向右倾斜，并且相交，我们可以将两条曲线相互交换：这样我们得到在右边 R 策略受偏好，在左边 L 策略受偏好。这就是图 4—2 中所描述的情况。这里我们有两个均衡点，一个是全部人都选择 R，另一个是全部人都选择 L。右边的均衡点由于存在外部性，因此是更好的均衡点。但是，如果每个人都选择左边的均衡点，那么没人有理由选择另一个均衡点，除非选择这个点的人足够多，能够跨过曲线交点所形成的峰值。

在图 7—4 中，L 可以用来表示携带可观察到的武器装备，而 R 则用来表示没有带任何武器。如果其他人都带了武器，那么我也会带武器，但是如果其他人都没带，那我也不会带。（这些可以用来表示核武器及“单个国家”吗?）武器的可观察性有两个影响。如果 L 和 R 与图 4—2 中所表示的一样，个人所带的武器被隐藏起来，或者说核武器仍处于秘密阶段，你就不知道自己位于曲线的哪一个点上——无论你面临的曲线是哪一条。更有可能的影响是，武器的可观察性将

229 会改变收益——携带武器的风险和收益通常取决于携带的武器是否能够被明显地看出来。（即使武器本身不能被禁止，某些可靠的武器检查措施也可能会起一定作用。）

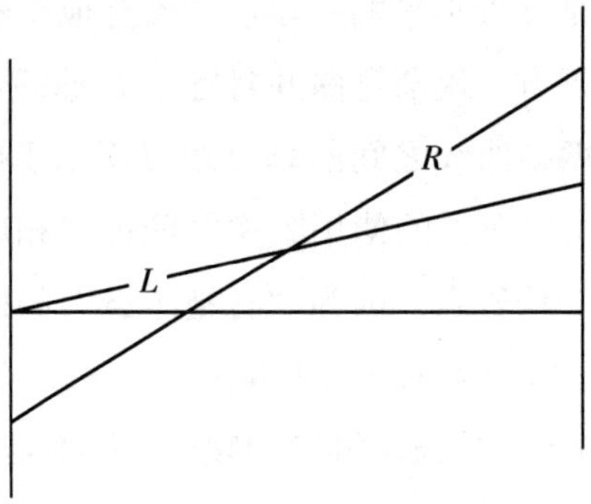

图 7—4

有条件的外部性

将 R 曲线按顺时针方向旋转，直到如图 7—5 所示那样向下倾斜，与 L 曲线相交。外部性并不是一致的：一个 R 策略选择会使那些位于左边的人获益，而一个 L 策略选择则会使那些位于右边的人获益。然而我们仍然有一个均衡点。并且如果各自选择的收益是某种可以用相同尺度衡量的商品的话，那这个均衡点就仍然不是集体最大化的一点。

这里有点差别。如果集体最大化点位于交叉点的右边，那么在这个最大化点上必然有些人——即那些选择 R 的人——不如在均衡点上收益高，除非对他们进行补偿，或者人们轮流做出牺牲。这样就会形成一个特殊的组织问题。

图 7—5 可以启发我们考虑信息在这个问题中所扮演的角色。为了使问题更具体化，假设在公路突发事件中，有两条线路，司机们对这两条线路都不熟悉。如果司机们在毫不知情的情况下，在这两条线路中随机选择，那么结果将会类似于 50—50 的分配，在图 7—5 中这
230

个分配点位于两条曲线交点的右边。选择 R 的司机一旦知道情况后就会后悔没有选择 L，但是这个结果却比均衡分配下所能得到的结果在整体上更优，并且，作为一场“公平竞争”的选择，所有司机都会认为这个结果比交叉点上的结果要好。有鉴于此，在直升机上观察到这一结果的交通指导员也不应干涉，因为如果他加以干涉，他要冒着使本来畅通的线路变得拥挤，从而使两条线路都失去吸引力的风险。（如果我们将 R 曲线画成水平形状，那么这个结果将会更加明显。）如果直升机交通指导员告诉那些在较拥挤线路上的司机另一条较不拥挤的线路的情况，是否会由此改变整体状况呢？

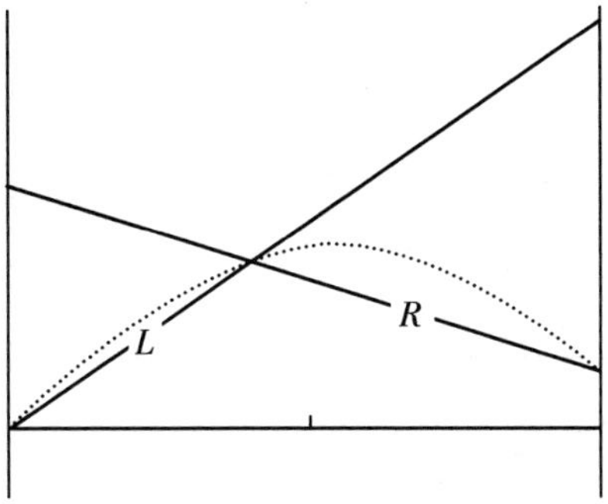

图 7—5

下面，用 R 曲线表示暴风雪后待在家里的人，用 L 表示驾车出门的人——也是两种选择。收音机里的播音员告诫人们都待在家里不要出门。许多人都乖乖地待在家里了，而驾车出门的人却欣喜而惊奇地发现马路居然如此空旷畅通；如果别人也知道了这一情况，他们一定都会驾车出门。如果所有人都驾车出门，他们都将会位于 L 曲线较低的左端点上。夸大其词的告诫，往往比“真实”的告诫（例如，一个自我肯定的告诫）更能阻止出行人数，从而导致一个近似于最优的结果，除非人们已经知道这一告诫的程度需要打折扣（或者事先已经达成服务协定，人们可以随时获知有关道路情况的信息，这样他们就都会自发靠近两条曲线的交叉点）。

接下来，在保持 R 曲线向右下方倾斜的条件下，将曲线整个下移到完全处于 L 曲线的下方（见图 7—6）。这样，所有人都选择 L 时也会出现一个均衡点。选择 R 可以使选择 L 的人获益，而选择 L 可以使选择 R 的人获益。这种情况与 MPD 不同，因为即使没有补偿措施，没有 R 选择者的联盟也能成为一个可行集合。同样，L 曲线上的均衡是无效的。如图 7—6 所示，如果 R 曲线左端低于 L 曲线不太多，只要有一些人选择 R，就有可能产生集体最大化。然而，要引导人们选择 R 从而使集体结果最大化，我们仍然面临着一个组织的问题。

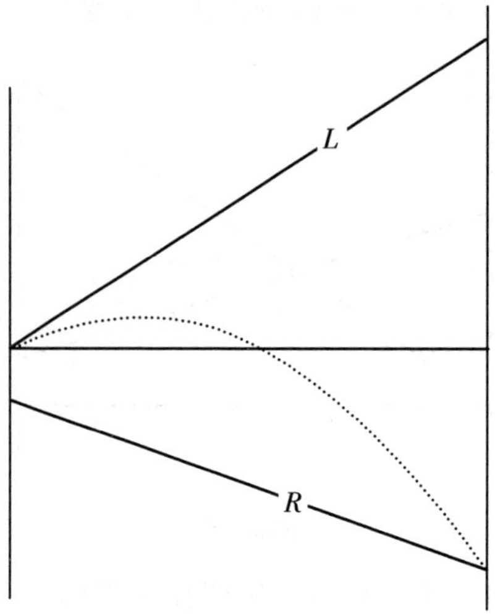

图 7—6

公　地

231 对上面这种情况有一种常见的解释，这就是“公地”。有两个公共的牧场，每个人都可以在这两个牧场上自由放牧自己的牲畜。同样的情况还有两条公路，任何人都可以在公路上自由驾驶。任何一个在公路 2 上驾驶的人都会使在公路 1 上驾驶的人获益，因为他的行为减少了公路 1 上的堵塞程度而增加了公路 2 上的堵塞程度。任何一个在公共牧场 2 上放牧牲畜的人都增加了牧场 2 上的牲畜数量，而减少了牧场 1 上的牲畜数量。任何有关两个可替换位置上的堵塞问题都可以用两条向不同方向倾斜的曲线来表示。

双重均衡

让我们回到直线情况下的双重均衡情况上来。

我们在此有两种情况。第一种情况，两条曲线的斜率可以完全相
反，R 曲线向右上方倾斜，而 L 曲线向左上方倾斜，这样的外部性是 232
有条件的，并且是“自利性”的——即 R 选择支持 R 选择，L 选择支持 L 选择。第二种情况，两条曲线都向右上方倾斜，R 曲线比 L 曲线更陡。（当然，它们也可以都向左上方倾斜，但这是同一道理，只要把 R 曲线和 L 曲线调换一下就行。）无论是哪一种情况，都有两个均衡点，每个均衡点都在曲线端点上。组织的问题就是要达到最优的均衡点。如果两条曲线倾斜方向相同，那么哪个均衡点是最优均衡点就不言而喻了；但是如果它们倾斜方向相反，那么这两个均衡点都可能是最优均衡点。

在任何一种有两个均衡点的情况下，问题是（如果确实存在这个问题的话）要如何得到一个共同选择，或者改变足够多的人的选择以实现最优均衡。也许并不需要强制、约束，或者集中化的决策；也许仅仅需要一开始就使人们做出正确的选择就可以了。如果这种选择是一次性的，只需要使每个人相信其他人都会做出正确的选择就足够了，而人们的这种预期仅仅通过信息沟通就可以形成，因为一旦人们形成了一致性的认识，他们就没理由不做出正确的选择。

如果已经形成了无效的 L 策略均衡，每个人就都会不愿意选择 R，除非他们认为其他人都会选择 R。这种情况需要做出某些有组织的调整，比如规定单行道，以及靠左或靠右行驶等。人们可能会陷入无效均衡之中，每个人都等待他人改变行为，没人愿意做第一个尝试

改变的人，除非他有信心使其他人也随之改变行为，从而使他的尝试不至于落空。

现在让我们注意一下两条曲线都向右上方倾斜与它们斜率变化趋势相反这两种情况之间存在的小小差别。在前一种情况下，尽管联盟本身是可行的，但是不足以吸引其他人选择 R 策略并使其可行。图 7—7 说明了这种情况。如果每个人都选择 L，那么一定存在一定人数，姑且再称之为 k，能够通过选择 R 获得更大收益，即使他们人数非常少，从而不能使 R 成为受所有人偏好的选择。这个关键数字点
233 出现在 R 曲线达到 L 曲线左端点的高度时，这与 MPD 情况下一样。如果选择 R 的联盟人数超过了这个数字，那么这个联盟就是可行的；如果联盟人数达到了与两条曲线的交点所决定的更多的人数的话，它就足以吸引其他人都改变他们的选择。但是如果这个联盟太小，以至于无法达到改变他人选择的目的，它也仍然是有作用的。即使是在具有两个均衡的情况下，也仍然含有 MPD 性质的内容：存在某种联盟，当它选择 R 时能获得效用改进，虽然其他人也同时获得了效用改进，虽然联盟中的任何一个人如果背叛集体选择了 L 也能获得效用改进。这种情况的不同之处在于存在一个更大的联盟，能够诱导其他人改变他们的行为选择，因为当这个联合体足够大时，它可以使 R 成为一个受偏好的选择。

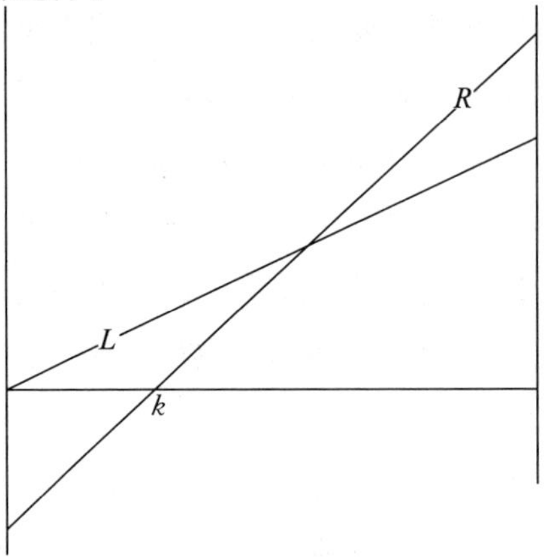

图 7—7

作为不完整双重均衡的 MPD

MPD 与双重均衡之间的区别实际上和人口规模上的区别差别不大。在图 7—8 中，当人口数量为 x 时，有两个均衡点。如果 k 与人口数量无关，将人口数减少到 y，出现的情况就是 MPD。将人口数继续减少到 z，MPD 就会消失。MPD 不过是一个“不完整的双重均 234
衡”，因为人口不够多，无法超过峰值。（同样，双重均衡只不过是一个“扩展的 MPD”，因为前者比后者增加了足够多的人数，从而使该联盟得以维持下去。）

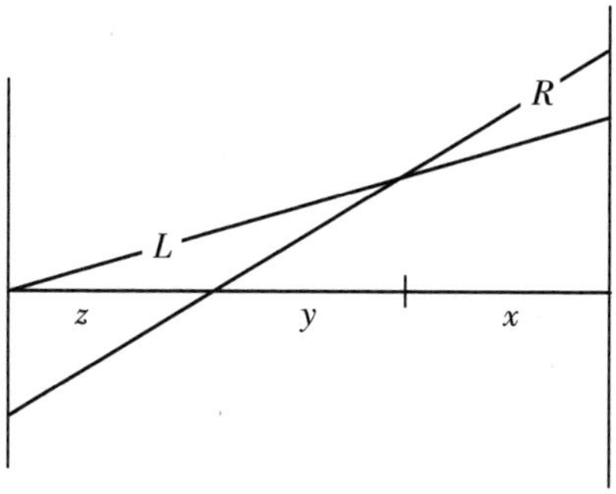

图 7—8

曲线弯曲度

我们能给出无数种不同的 $L-R$ 曲线，但是无法保证现实中确实存在一对这样的选择，对应着某一对具有启发意义或构造意义的曲线。直线的情况略微有些不够明确，它通常用来作为整个单调曲线集合的代表。但是直线的简单性却会带来一定的偏差；直线只相交一次；并且除了端点之外它们也没有最大值和最小值。一些具有弯曲度的曲线可能会改变外部性应该具有不变边际作用的假设。

一致性

一类有趣的情况是两条曲线都呈现出 U 形，如图 7—9 中所显示的三种不同情况。

235

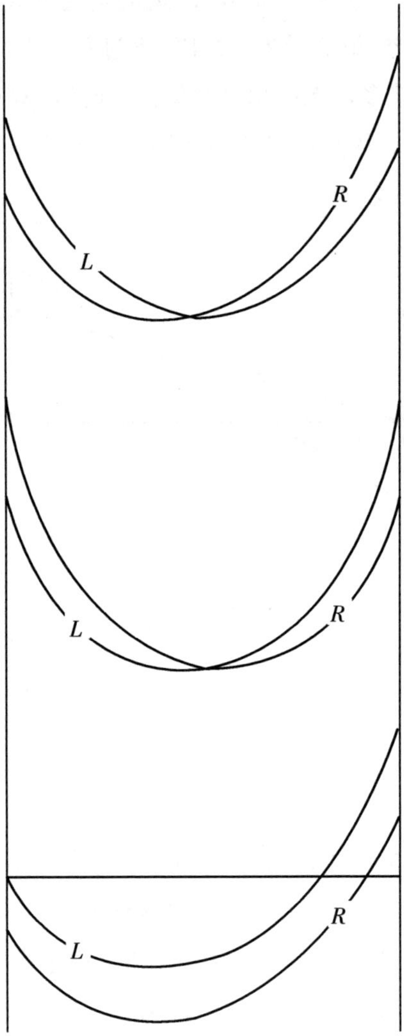

图 7—9

它们的一个基本关系是“一致性”：对于任何人来说，无论他自己的选择是什么，其他所有人的一致性选择都要比混合选择好。236

在图 7—9 上面的那种情况中，如果有足够多的人选择 R，R 策略就是这个人愿意采取的偏好选择；如果有足够多的人选择 L，那么 L 策略就是这个人愿意采取的偏好选择。这里存在两个均衡点。一个均衡点是占优均衡，但是两个均衡都要比一个很大范围内的其他中间分配好得多。夏令时可能是一个能说明这个问题的例子。假设现在是夏天，用 R 表示执行夏令时。每个人都执行夏令时，那是最好的。如果每个人都执行标准时间，事情也不差。但是，如果人们在安排办公、工作进度表、节目时间和晚餐时间时采取不同的标准，那么事情就会很糟糕。此外，与靠右行驶、实行米制计量制度这样的问题不同，对个人来说最糟糕的问题还不是不能与其他人保持一致，而是使所有人都不能彼此保持一致。即使我目前处于夏令时时间内，如果全世界有一半人都在执行夏令时，而我却不知道究竟是哪些人在执行夏令时，我还是能以标准时间更好地驾驭我的生活。一个旅游者在旅游过程中如果跨越了时区，他会将他腕表上的时间仍旧保持在“家乡本地时间”上，这样也能处理好各种情况，除非他要和其他一些也没有调整时间的旅游者打交道。

图 7—9 中间的那种情况与上面的基本相似。但是这时每个人都有点希望自己属于少数派，而同时希望其他人保持一致。如果要找到一个和夏令时相对应的例子，那很容易，我们前面谈到的当四天工作制被普遍推行时，是选择周一还是周五作为第三个休息日的问题，就是这样的例子。为了避免这天拥挤的人群，如果别人都选择在周一这天驾车出城或去打高尔夫球，那么我就愿意选择周五休息。（或者，如果我是个杂货店老板，那么我愿意在别的店都关门的那天营业。）同时，在组织一场高尔夫球赛，或者和朋友们去海滩度假，或者仅仅知道哪家商店在营业，以及谁还在上班等这些问题上，其他人做出的一致性选择是一个有利条件。总的来说，如果一个人不能得到独一无

二的待遇的话，他最好还是与其他人保持一致。在任何情况下，如果
237 达到了均衡，那么也是一个不能令人满意的均衡。越是想要和别人不同，结果就越是对每个人都不利。

图 7—9 下面的那种情况表示了一种单一均衡情况，这种均衡是一个比较满意的结果，但也不是一个完全满意的均衡。（这个图形本可以将 L 的端点画得比 R 的再高一些，并给出一个有效结果。为了说明问题，我没有这样画。）L 表示十进制计量系统，R 表示十二进制计量系统。每一种计量系统单独来看都运行得很好，但是如果一半人使用某种计量系统，另一半人使用另一种计量系统，结果就会混乱。此外，改变一种计量系统是一件非常困难的事情，但为子孙后代着想，我希望别人都能改变。然而，在我的有生之年，我却宁愿固守自己的那一套，即使我的那一套已经落后于时代了。正如在 MPD 中那样，我可能只愿意在与别人达成协议时才接受十二进制这种系统。如果我们只比较这两条曲线的端点，而忽略掉它们的中间部分，那是不是就成了 MPD 了呢？

互补性

现在让我们把曲线颠倒过来，如图 7—10 所表示的那样。这里同样有三种情况。除了前面所讲的一致性之外，这里还存在互补性。如果人们能在两种选择之间进行分配，那么情况就会好得多。然而，尽管每个人都希望万事万物的选择都能混合起来，但他希望自己的选择有时属于多数派，有时候属于少数派，有时候使自己的偏好不受任何影响。

有关互补性的一个明显的二元划分的例子就是关于性别的问题。让我们顺着第 6 章的思路来推测一下孩子的性别可以事先选择的情况。这个选择并不是二元的，因为多数父母都不止有一个孩子，他们可以对每个家庭的规模选择一些不同的整数组合。但是这一分析仅仅具有

建议意义，所以我们可以设想一个家庭可以决定要男孩还是要女孩。

238

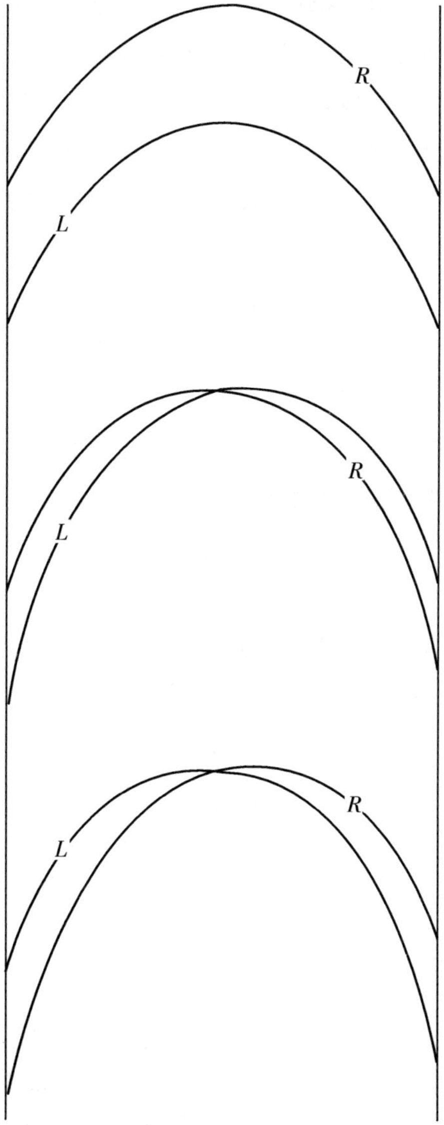

图 7—10

我们很容易想到，多数家庭都希望人口是男女混合的，并且男孩女孩各占一半。然而，一对夫妻有可能偏好下面三种不同选择中的一种。

第一种情况，人们可能有一个一致性的偏好，比如无论人口中的性别比例是多少，所有人都想要一个女孩，或者所有人都想要一个男
239 孩，同时他们也强烈希望总人口性别比例是 50∶50。第二种情况，每个人都可能想要一个较稀缺性别（scarcer sex）的孩子：因为将来无论是恋爱、婚姻甚至再婚，较稀缺性别的孩子都有优势。第三种情况，占优的性别可能具有一个超过“稀缺价值”的优势，而父母们在选择生育一个多数派性别的孩子时，可能会不喜欢这种男性或女性的人数优势。

在第一种情况下，存在一个满意均衡。在第二种情况下，存在两个不满意的均衡。在第三种情况下，则存在一个单一的不满意均衡。

在最上面的那个不满意的均衡情况下，我们可以定义一个 k，即能够从强制性契约中获益的最小人数组成的联盟。

即使技术进步可以为人们提供这样的选择，并产生以上所述的这些问题，那现实的问题也不会如此严峻，因为每一对夫妻面临的选择并非二元选择，最后他们都会不止选择一个孩子。然而，即使是二元选择的例子，它也生动地提醒我们，对于严重偏离最佳的个人选择来说，一个良好的组织性措施就是不让人们选择——但是这种随机选择可能使人们受益，也可能使人们受害——并且不需要任何组织。

充足性

现在让我们看图 7—11。一条 R 曲线两次穿过 L 直线。每个人都希望别人选择 R，而处在中间的人们由于被吸引而选择 R。局部使用杀虫剂的情况可以作为一个例子：别人使用杀虫剂会使你受益。你的邻居们也使用了杀虫剂，否则购买的杀虫剂的价值就会丧失；如果别人也适量使用杀虫剂，那么你自己喷洒杀虫剂才是划算的；并且，如果最后几乎所有人都使用了杀虫剂，你也就没必要自己花钱

来杀虫了。

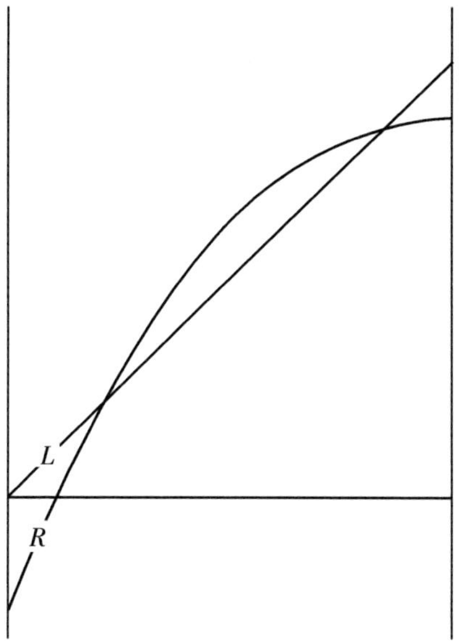

图 7—11

通信广播系统有时候也具有这样的特征。如果几乎没有人有民用波段通信设备，那么人们也就不会通过它来进行交流；电台的外部性使有该设备的人比没有设备的人获益更多，尽管后者从这种通信系统中也获得了一些收益；如果足够多的人都拥有了该通信设备，那么其他人也会因此购买一台，以此作为平常的通信交流手段；最后，如果几乎每个人都有一台这样的设备，你倒可以省钱不用买了，因为你可以去朋友家里用他的设备，甚至在有紧急情况时，可以请任何一个路过的行人帮你发送信息。 240

委员会会议是一个大家更为熟悉的例子。如果没有人来参加会议，会议就要受影响；然而，除非出席会议的人数达到法定人数，否则会议就不值得去；在一定的数量范围内，你的到会可能是使会议有效的重要因素，但是如果到会人数太多，你又会觉得没必要放弃这么好的一个下午来参加本来可以不参加的会议。

241 用这些收益曲线，我们可以得到两个均衡点：一个是右上方的交点，另一个是左端点。（如果我们重新定义这两条曲线——即改变两条曲线的含义——那么均衡点也可能是左下方的交点和右端点。）

概要总结

非常诱人的是对种种可能的二元选择的收益结构所进行的详细的概要分类。尽管这些并不是无限多，但也极其庞大。即使是单调曲线，也可以是内凹的或外凸的、S形状的、弯折形状的以及锥形的，等等；当然，它们不一定就要是单调的曲线。这些不同形状是否值得进行区别分类，要看我们想要选择分析什么样的情况——均衡的个数、均衡有效性、信息以及负面信息的作用、潜在联盟的规模、约束性或强制性合约的重要性、人口规模的重要性，等等。同样，我们仅仅讨论了人口的一致性收益问题。所以，任何一种逻辑分类机制都不可能满足所有人的要求。

然而，仅就直线情况而言，不同情况的数量还是有限的——至少，值得研究的不同种类是数量有限的。尽管如此，至少还有以下这样的不同情况值得我们进行区别分类：

Ⅰ. 当所有人都做出同样的选择时，存在唯一均衡点。

A. 这是所有人都偏好的结果。

B. 如果所有人都做出相反的选择，每个人就可以获得更大的利益。

1. 集体总利益将处于最大化点上。

2. 只要有一部分人，而无需全部，做出了相反的选择，集体总利益就会增加；可能有人比别人获益更多，但是相对于均衡点处，所有人都获得了更大利益。

C. 如果有一部分人，而不是全部，做出了相反的选择，集体总利益就会增加，但是有人获得的利益却可能比在均衡点处时获得的利益少。

Ⅱ. 当有人选择 L 而有人选择 R 时，存在唯一的均衡点。

A. 如果所有人都选择 R，那么他们都将获得更大的利益。

1. 集体总利益可能因此达到了最大化。

2. 如果有一部分人仍然选择 L，集体总利益也能得到增加，相比于均衡点处，每个人都能获得更大利益，但是他们所获得的利益增加可能并不相等。 242

B. 如果有一部分（但不是全部）本来选择 L 的人选择了 R，尽管有些人的利益可能减少，但是集体总利益会得到增加。

C. 集体总利益达到最大化点。

Ⅲ. 存在两个均衡点，每个均衡点都表示所有人都做出了相同的选择。

A. 其中一个均衡是每个人都偏好的结果。

1. 然而，较小的那个均衡值优于多数情况下的混合选择。

2. 较小的那个均衡值比多数情况或者所有情况下的混合选择要差。

B. 两个均衡同样令人满意，并且都优于所有混合选择情况。

这些情况都可以用已经给出的图形进行描述。如果我们对图 7—2 中的两条曲线重新定义，就可以描述情况ⅠA，全体选择 R 就给出了一个可行的最大值。情况ⅠB1 与图 7—2A 或图 7—2C 所表示的情况一样；ⅠB2 则对应着图 7—2B。而ⅠC 则显示在图 7—6 中。情况ⅡA，包括 1 和 2 在内，都可以用图 7—3 来说明，只不过具体情况取决于 R 曲线的斜率而已；ⅡB 对应的是图 7—5，如果我们将图 7—5 中的一条曲线旋转至最大点与交叉点重合的位置，ⅡC 就是这种特例。如果我们对 L 和 R 曲线进行重新定义（或者，换个方式，将图

7—4 中的 L 曲线围绕交点旋转，直至它向左上方倾斜)，那么情况ⅢA1就可以用图 7—5 来描述。ⅢA2 对应的就是图 7—4，而如果图 7—4 中 L 曲线的左边与 R 曲线的右边一样高，ⅢB 就是ⅢA1 这种情况。

运用这些曲线而不是直线，可分析情况的多样性大大增加；正如在图 7—10 下面的部分所表示的那样，我们可能得到两个次优均衡，其他情况也是一样。

243 在每一种情况下，"均衡"这个词都应该理解成为"潜在均衡"。选择的顺序和时机以及选择的可逆性；有关他人选择的信息；信号传递、议价以及组织过程；风俗习惯、以往的先例、模仿；以及其他种种关键因素，我们在此都没有进行详细说明。所以我们不能肯定地说，现实选择将稳定地趋向我们在此所确定的"潜在均衡"。

正因为如此，这里并没有对各种二元选择情况进行分类，由于上述原因的存在，这些二元选择的其他重要特征可能像收益那样具有重大差别，所以我们只是讨论了二元选择的效果曲线的形状。

【注释】

[1]"外部性"不是本书所发明的术语，但是由于它已经被固化为经济学的一部分，所以你必须对它熟悉。它是指一个公司的行为、一个机构或者某个个人的行为的效果，发生在公司记账系统、机构视野或个人兴趣和关系之外，但是却在别的记账视野或者个人的兴趣范围之内。

[2] 在讨论参议院对卡斯维尔法官的投票时，理查德·哈里斯（Richard Harris）对于在 $n=101$ 的情况下的近似二元选择的相互依赖性进行了发人深省的描述（只有离开或者弃权两种选择）。其中，选择具有不同程度的可逆转性；不完全的甚至有时是被操纵的信息；具有特殊影响的小型网络；参与者之间迥异的偏好，等等。详见 Judge Carswell，"Annals of Politics"，*The New Yorker*，Dec. 5 and 12，1970；*Decision*，Ballantine Book，Inc.，1971.

[3] 下面更精确地说明了均衡位置的计算。用 X 表示选择 R 的人数（X 是整数)。L 曲线和 R 曲线的线性表达式如下，$L=aX+b$，$R=cX+d$；当 $L=R$

时这两条曲线相交，即 $X=(d-b)/(a-c)$。（因为 L 曲线更陡，并且左端点低于 R 曲线，所以分子和分母都是正数。）无论是从 L 变成 R 还是从 R 变成 L 都不能增加收益时，就实现了均衡。从 L 变到 R 增加了一个选择 R 的人数，所以第一个条件是 $aX+b\geqslant c(X+1)+d$；这等价于 $X\geqslant(d-b+c)/(a-c)$，它表示从点 $c/(a-c)$ 到交点右侧的点 $(d-b)/(a-c)$ 之间的距离。从 R 变成 L 减少了一个选择 R 的人数，所以第二个条件是 $a(X-1)+B\leqslant cX+d$；这等价于 $X\leqslant(d-b+a)/(a-c)$，它表示点 $a/(a-c)$ 到交点右侧的距离。因此，X 的均衡价值处于一个单位范围之中——这个范围的上限和下限之间距离为 $(a-c)/(a-c)$ ——也就是从点 $c/(a-c)$ 到交点右侧的距离。在这一个单位范围内必然有 X 的唯一整数值。（除非这个范围的两个端点正好位于两个整数点上，在这种情况下就有两个不同的均衡值，这时个人可以在两个选择之间相互变换并且不改变他的收益或损失。）举例来说，如果 L 曲线的斜率是 R 曲线斜率的两倍，那么均衡值就位于交叉点右边一个或两个单位范围内。如果人口数量很大，那么均衡值与交叉点之间的距离就会非常小，在图上将无法反映出这个很小的距离。

索　　引*

* 数字表示原书页码，即本书页边的标码。“数字+n”表示该页的注释。——译者注

C

D

L

N

O

P

W

Z

图书在版编目（CIP）数据

微观动机与宏观行为/谢林著；谢静，邓子梁，李天有译．—北京：中国人民大学出版社，2013.3

（大师细说博弈论）

ISBN 978-7-300-16249-2

Ⅰ.①微… Ⅱ.①谢… ②谢… ③邓… ④李… Ⅲ.①经济行为—研究 Ⅳ.①F014.9

中国版本图书馆 CIP 数据核字（2012）第 199807 号

大师细说博弈论
微观动机与宏观行为
托马斯·C·谢林 著
谢 静 邓子梁 李天有 译
李天有 校
Weiguan Dongji yu Hongguan Xingwei

出版发行	中国人民大学出版社		
社　　址	北京中关村大街 31 号	**邮政编码**	100080
电　　话	010－62511242（总编室）		010－62511770（质管部）
	010－82501766（邮购部）		010－62514148（门市部）
	010－62515195（发行公司）		010－62515275（盗版举报）
网　　址	http://www.crup.com.cn		
经　　销	新华书店		
印　　刷	涿州市星河印刷有限公司		
开　　本	720 mm×1000 mm　1/16	**版　　次**	2013 年 3 月第 1 版
印　　张	15.75　插页 1	**印　　次**	2025 年 3 月第 9 次印刷
字　　数	209 000	**定　　价**	45.00 元